大善之美

深圳博物馆藏社会捐赠文物集萃

BEAUTY OF GREAT KINDNESS
Shenzhen Museum Collection of Donated Cultural Relics

深圳博物馆 编

文物出版社

饮水思源　不负重托

今年是深圳经济特区的"而立之年"。与特区建设几乎同时起步的深圳博物馆，经过近30年的发展，已成为一座包括深圳历史民俗馆和艺术自然馆两大独立场馆以及两大展览系列的大型综合类博物馆，形成了以深圳历史与民俗、商周青铜器、明清书画、历代陶瓷等为特色的收藏体系，馆藏文物数量已超过3万件。令人欣喜的是，馆藏文物的获得，除考古发掘、馆际调拨外，社会捐赠成为重要来源。在我馆历年接收的社会捐赠文物中，一级文物24件，二级文物87件，三级文物1160件。由此可见，社会捐赠对丰富馆藏和提升我馆办馆水平起到了重要作用。饮水思源，为感谢捐赠者的大善之举，配合特区30年庆典以及今年的"文化遗产日"活动，我馆从历年社会捐赠文物中遴选出一批文物精品，隆重推出"大善之美——深圳博物馆藏社会捐赠文物精华展"。

此次展出的社会捐赠文物主要包括：著名学者商承祚及其家人、杰出新闻工作者邓拓夫人丁一岚女士、美籍华人沈达夫与沈湘若伉俪捐赠的中国书画精品，日本某友好团体捐赠的中国古陶瓷精品，以及美籍华人司徒倩女士捐赠的孙中山家族文物三大部分。

中国书画部分包括明清至现代以来诸多著名书画家的作品。其中以商承祚及其家人捐赠的书画数量最大，精品最多。书法方面，有明代草书"第一手"之美誉的祝允明草书《<晚晴赋>、<荔枝赋>合卷》，便是难得的书法妙迹。该卷抄录唐杜牧《晚晴赋》与张九龄《荔枝赋》两篇，四米多长巨帙，气势跌宕，风骨浪漫，天真纵逸，是祝允明晚年草书代表作。又如明董其昌行书《临颜真卿争座位帖·送刘太冲序》卷，书风率真秀逸，潇洒轻灵，曾是两广总督阮元的重要收藏。另外，明代著名文学家茅坤草书《游西湖诗》手卷，郑天鹏草书《和张南湖诗》手卷以及清代王铎行书五言律诗轴等，都具有很高的历史、艺术和研究价值。绘画方面，如郑板桥的墨笔《四面风竹图》立轴，竹叶千姿百态，风骨凌然，真实地抒发了作者"狂"与"怪"的艺术个性。丁一岚女士捐赠的邓拓先生旧藏书画，是我馆建馆初期最为重要的一批书画藏品，其中有很多古今名家之作，如引领明代花鸟画坛的"青藤、白阳"之一陈淳的设色花卉，笔墨淋漓，设色淡雅，风格疏爽而意趣盎然；清代"四王"之一王原祁的山水扇面，写江南春雨初晴之景致，笔法劲秀，意境开阔；又如清康熙年间徐言、刘源等十人所作书画册页，笔墨清雅，写胸中丘壑，充满文人趣味。沈达夫、沈湘若伉俪捐赠的书画中，翁方纲的行草书论是翁氏晚年佳作，书体瘦长紧劲，笔法圆润浑厚，节奏感强，对研究翁方纲书法理论有重要参考价值。此外，张熊

的水墨《寒汀落雁图》、陶冷月的设色《林泉高士图》、林纾的水墨山水《送别图》都是难得的绘画佳作。

陶瓷展品均来自日本某友好团体的捐赠。2010年春，经日中文化协会介绍，日本某友好团体将其所藏260余件（组）中国古陶瓷悉数无偿捐赠给我馆，从而大大丰富了我馆的古陶瓷收藏。据了解，这批日本捐赠的古陶瓷，不仅是我馆、也是我国迄今接受的海外文物捐赠数量较大、价值较高的一批，具有十分重要的意义。对此，国家有关部门负责人和国家文物鉴定委员会专家给予高度评价。这批古陶瓷囊括了从新石器时代到明清时期数千年的陶瓷代表性品种，其中有绚丽的彩陶、古朴的原始青瓷、造型生动的汉魏彩绘俑、华美硕大的唐三彩、典雅秀美的宋金单色釉及磁州窑型瓷器等。经国家和省文物专家鉴定，其中一级品就达20件之多。

美籍华人司徒倩女士捐赠的孙中山家族文物，主要包括孙中山家族三代人，即孙中山先生元配夫人卢慕贞、二女儿孙婉及二女婿戴恩赛、外孙女戴成功等的各类生活用品及收藏品，其中有数百件瓷器、玻璃器皿、文房用具、书画以及大量珍贵历史照片、文稿、信札等，共计1784件。这批捐赠品较完整地反映了民国时期上层社会家庭生活的面貌，是研究民国社会生活史的珍贵资料。

饮水思源，不负重托。文物捐献于国家，便成为天下之公器。作为其守护者，我们将永远铭记那些无私捐助者的美德善举，并恪尽职守，加倍努力工作，以报答他们以及全社会的关爱与支持。

深圳博物馆馆长

2010年6月

目　录

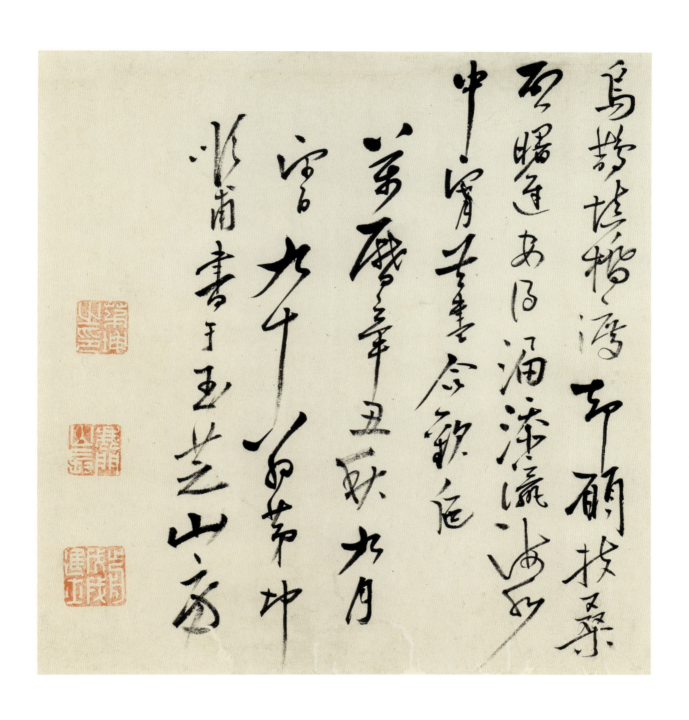

明 茅坤 草书 《游西湖诗》 卷

纸本 纵：33.5厘米 横：370厘米 1601年作

　　茅坤（1512～1601年）字顺甫，号鹿门，浙江归安(今吴兴)人，明代散文家、藏书家。茅坤文武兼长，雅好书法，提倡学习唐宋古文，曾编选《唐宋八大家文抄》，著有《白华楼藏稿》、《玉芝山房稿》等。

　　本卷自录其《游西湖诗》十一首，卷尾署"万历辛丑秋九月望日，九十翁茅坤顺甫书于玉芝山房"，后钤有白文印三枚："茅坤之印"、"鹿门山长"、"前戊戌进士"。卷首有"玉芝山房"印，卷尾有白文印"商承祚"，另附叶公绰题记一纸。本卷是茅坤九十岁、也就是临终之年的遗墨。

東泊舡、暮寒新窒廣
過湖上、去栖賢之光祿
笙箫、又過漁唐、開此口山崦
栖松寺、指巌、之崖幽山
湖、平工松雲霜、色如空
時移翠竹生殘、色如空
前佳人嬌竹蜩頃池波影好
堂生南軍佛、印苧泛柳横
為此湖蜩泛碟
我苧此湖蜩泛碟
蜩泛渾逐泳誰南坡桃横

西湖

此茅麓門、多泳游西湖詩三千餘首
入白海堂樓稿內名九千之峰筆健
尚餘因習貴此明代人善法頗有
了種瀟灑義趣取以央好遊夢影業
為走揖以綾耳泳
錫永生三田韶 遇朝

由湖至寺法亦高難祥殊
我過西湖决可甜心葉
橙金影重着如列到迎
逆泊且陶松之宸法梅絕
秋花唯尾替军人幼乞卷
乃诗人弓寺信三生
揮石屋及兵平泊
西湖春松作室法日题
说日不味未通蛱波弱译
黔天宰嬢室兰祖羅正
怪寓死瀧寺澌洲發
楸宮柏

兹長涌峨当一辞洽沙翔
七夕長屋新中心姿樣
碧盧时月敬室南之作
桑宫它小芸寓羊枝乞省
乌鹊枝栝湾亚丽投桑
中宵丑董念飲危
若庚辛丑秋九月
宫九十有奇中
北甫書于王芝山房

齋宿直廬

影靜一燈明風聲雜漏
聲蕭間因地迥迂拙託
時清入夢聞咨儆豎心
剩屏縈依　天真入五
敢負舊緊情
灑塵曉色
旭日曉煙鋪　新晴景更
殊澎茫兮殿閣香靄萬
江湖爭緣孤蒲出群鳴
鶴鷺呼湏山原有興誰
行在　皇都
齋宿　天壇羽士精舍
遠尋幽徑入八欄葉清
金桐竟達中谷高峯萬

翻憐尸素意暑尾有
條間短展晴川上孤笻夕
照召時艱馮廟略客久
行裹領不盡爽回興嗟
咸手勻冊
西湖晚眺
入夏澄波灣練依臺榭化
帷晴雲明密藻吉棹
蕩斜暉闌近覽塵遠風
和畫漏激坐卒真不厭
白鳥傍人飛
晚直
溪亭深翠靄清氣襲衣
裳坐與閒雲寂心隨腰
地潦榷幢傳遠穎荷芰

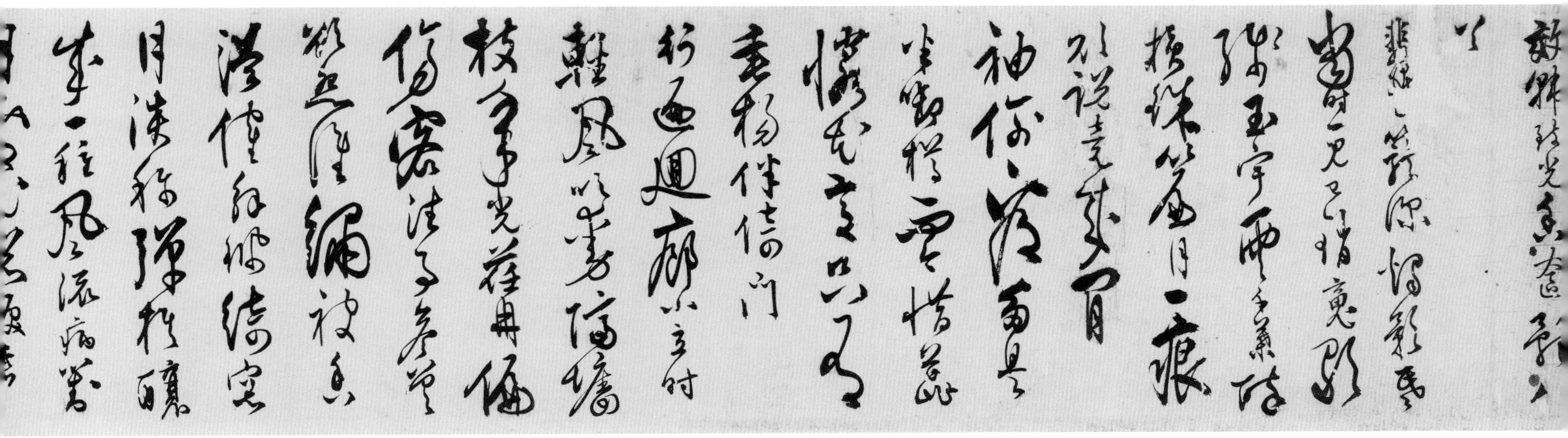

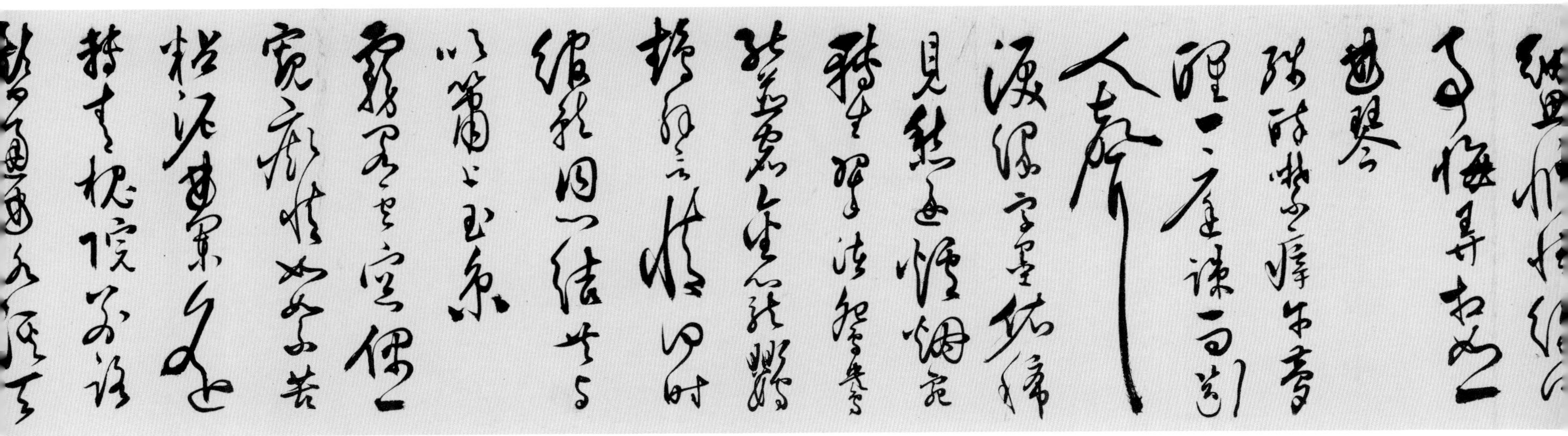

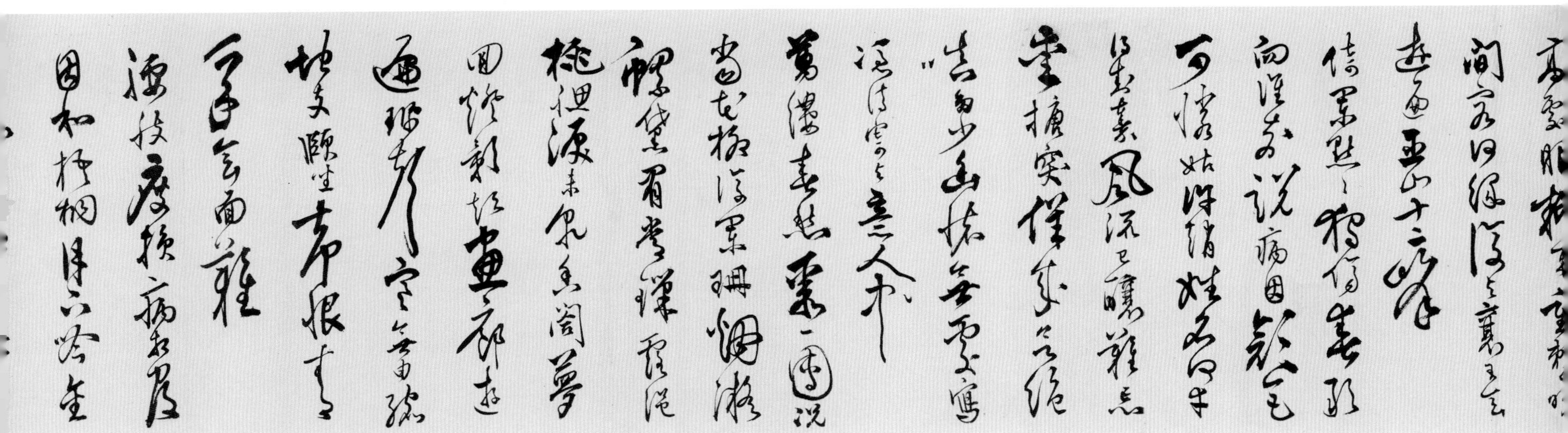

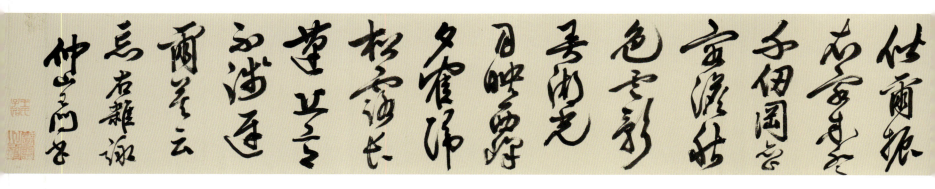

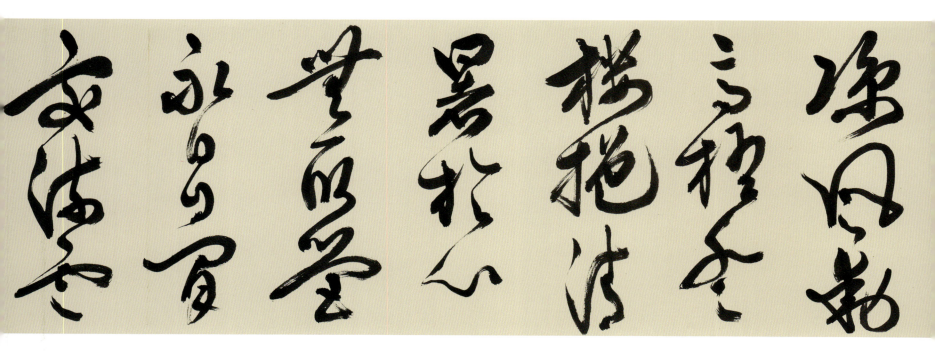

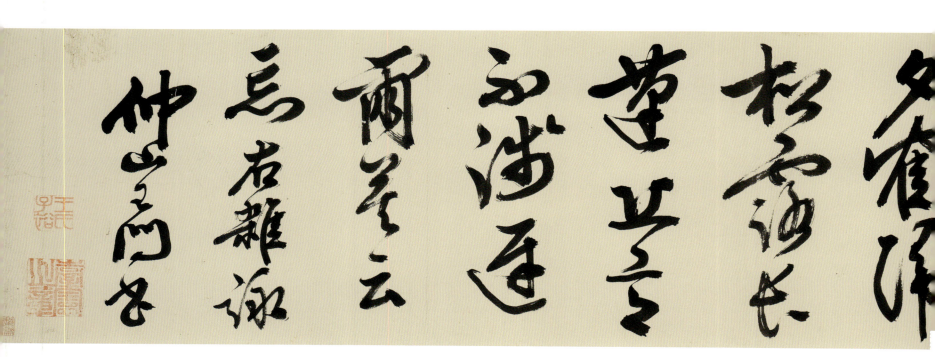

明　王问　草书　杂咏诗　卷

纸本　纵：29.5厘米　横：515厘米

王问（1497~1576年），字子裕，号仲山，江苏无锡人，嘉靖十七年（1538年）进士。官授户部主事，又南京兵部。后弃官隐居，30年不履城市。嘉靖三十三年（1544年）重修惠山碧山吟社。擅书画。著有《仲山诗选》。

此卷草书杂咏诗四十二行，落款"右杂咏仲山王问书"、钤朱文印"王氏子裕"、"台宪之章"，另有商承祚朱文收藏印"契斋暂保"一方。

明 刘正宗 行书 诗文 卷

纸本 纵:20.9厘米 横:180.4厘米

刘正宗（1594～1661年），字可宗，号宪石，赐号中轩，山东安丘人。崇祯元年(1628年)进士。入清后先受顺治帝赏识，官至吏部尚书、大学士。后因受弹劾置于法司，至乾隆时被平反，官复原职。刘氏工诗律，精鉴赏，好书法，顺治帝所得书画，多经他鉴定后才归内府收藏。著有《逋斋诗集》、《雪鸿斋草》等。

此卷以行书写诗文八首，落款"近作侣掌雷词坛印可，逋史正宗具草"，钤白文印"刘正宗印"及朱文印"大学士章"，卷首有朱文印"逋斋"一方。

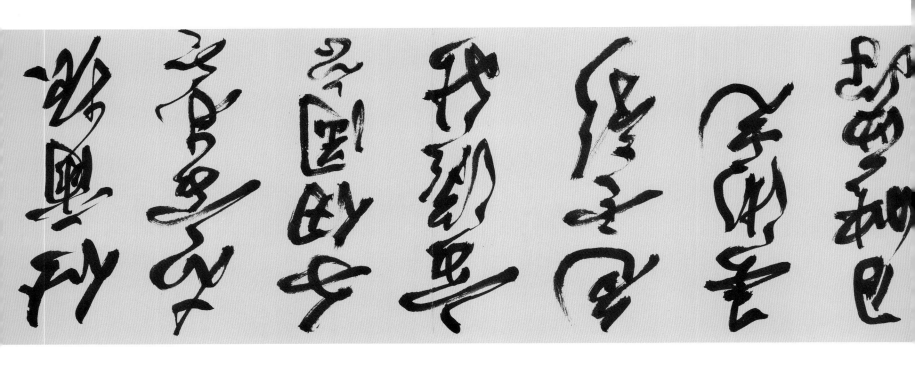

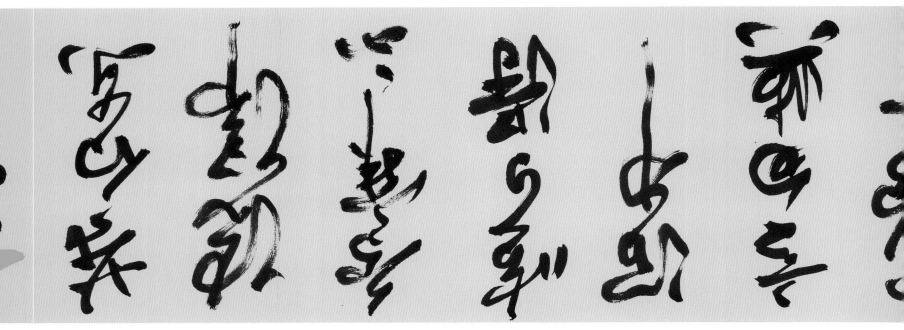

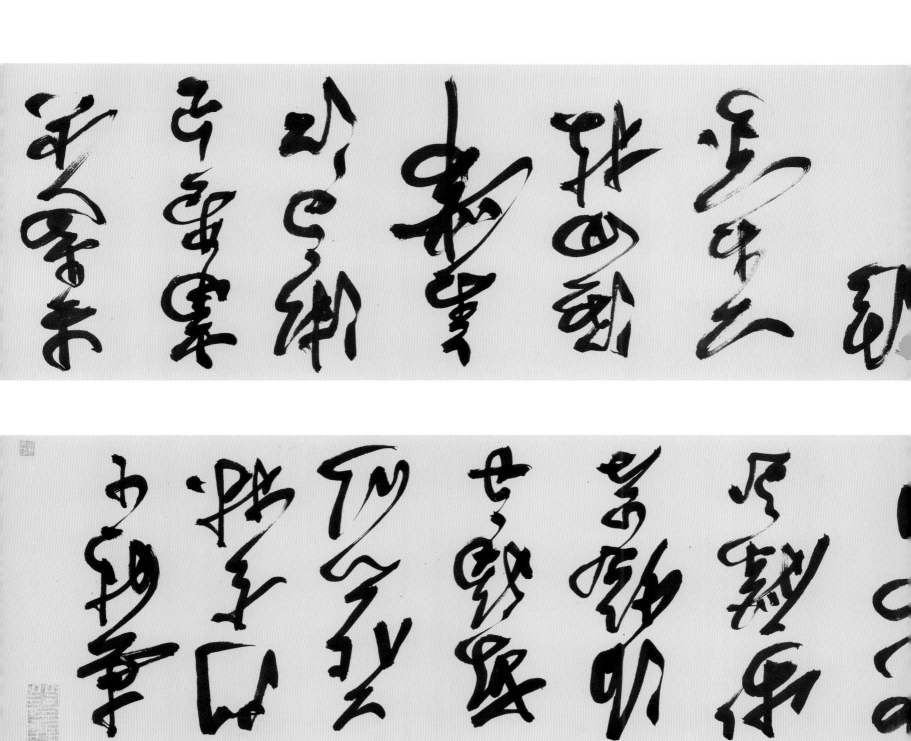

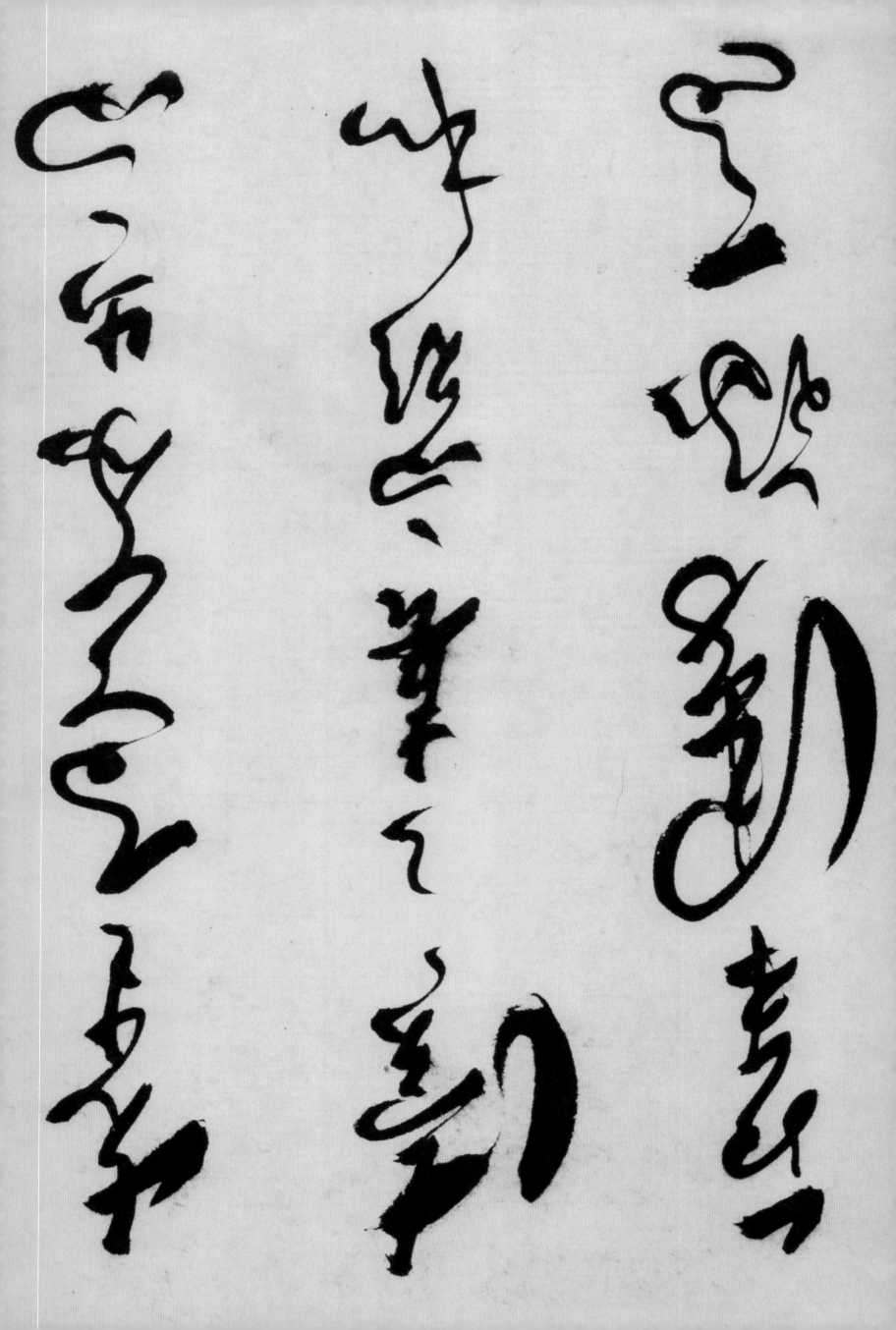

商承祚家族捐赠书画

　　商承祚（1902～1991年），字锡永，号弩刚、蠖公、契斋，广东番禺人。我国著名的古文字学家、考古学家、书法家，先后在东南大学、清华大学、北京大学、沪江大学等任教，1948年起长期执教于中山大学文学院。

　　商承祚生于书香门第，其父商衍鎏（1875～1963年）乃清代最后一届科举探花，长于诗词书画，曾任中央文史研究馆副馆长。商承祚幼承家学，酷爱古器物、古文字， 1922年拜罗振玉先生为师，后经马衡先生推荐而入北京大学研究所国学门为研究生。1923年出版中国最早的甲骨文工具书《殷虚文字类编》，由此一举成名。此外，还著有《石刻篆文类编》、《金文萃编》、《战国楚帛书述略》等多部著作。

　　商承祚先生性好收藏文物，晚年主张"藏宝于国，施惠于民"，将其所收藏的数百件文物捐赠国内博物馆，逝世后其子女亦秉承遗愿，先后多次向深圳博物馆捐赠了共五百余件文物，其中尤以书画为精。如祝允明的草书《晚晴赋》、《荔枝赋》合卷，创作于明嘉靖元年（1522年），在其自广东兴宁知县迁南京应天府通判前后。全文用笔收放自如，心手两畅，堪称其晚年代表作品；明末清初书家王铎所写的行书五言律诗轴，用笔沉雄，布局奇伟，充满了视觉张力；清乾隆广东籍画家黎简的《奇峰古刹图》，拟元四家布局笔意，纵意潇洒，有文人逸气。商氏家族捐赠书画，堪称深圳博物馆迄今所接收社会捐赠画中数量最多，质量最高的一批艺术精品，成为深圳博物馆馆藏书画的代表。

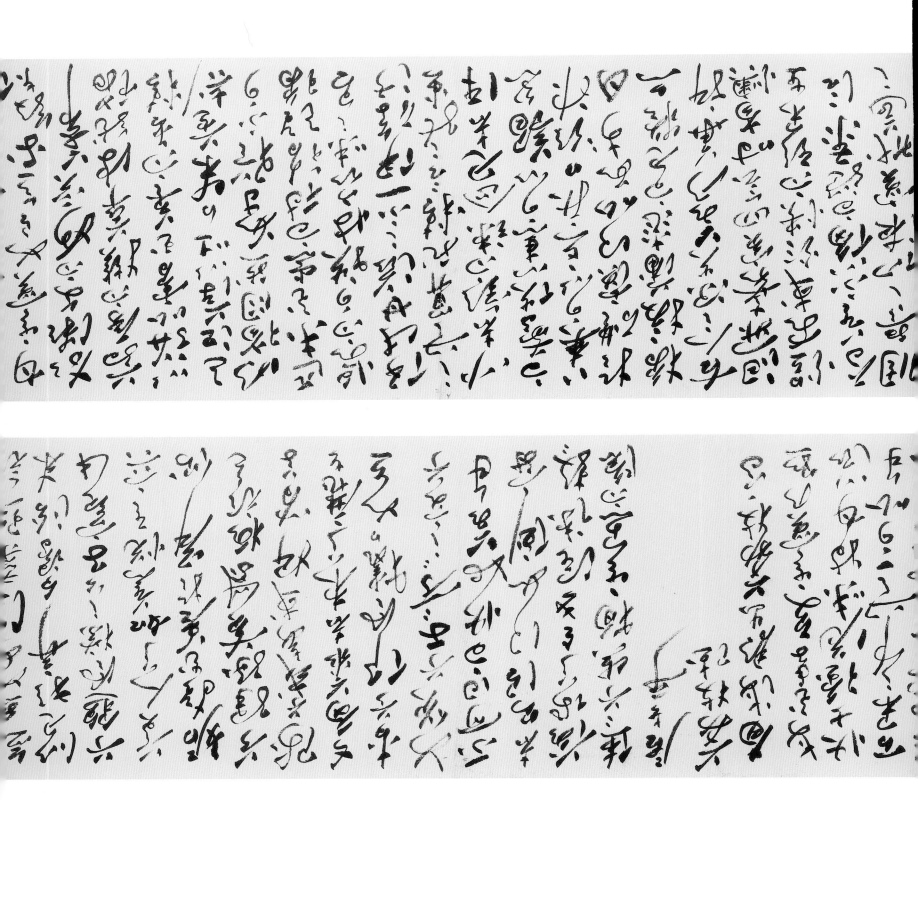

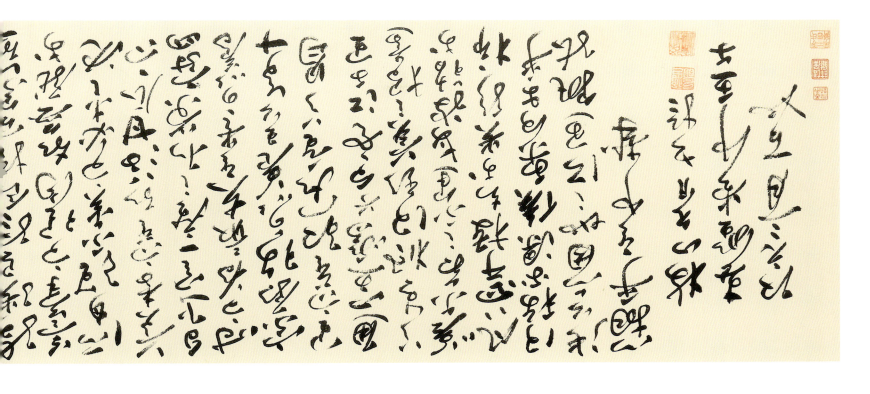

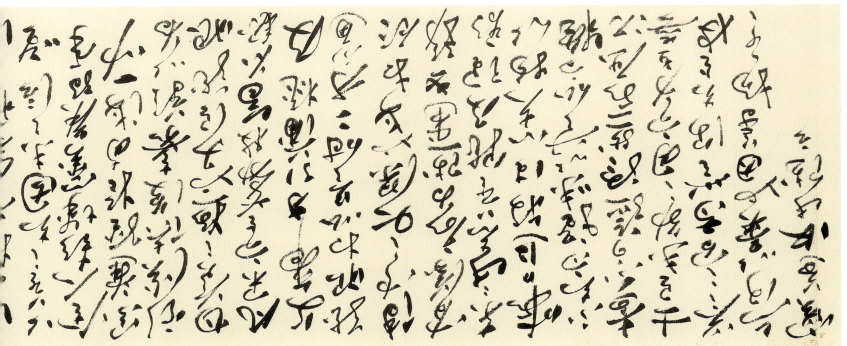

大善之美 深圳博物馆藏社会捐赠文物集萃

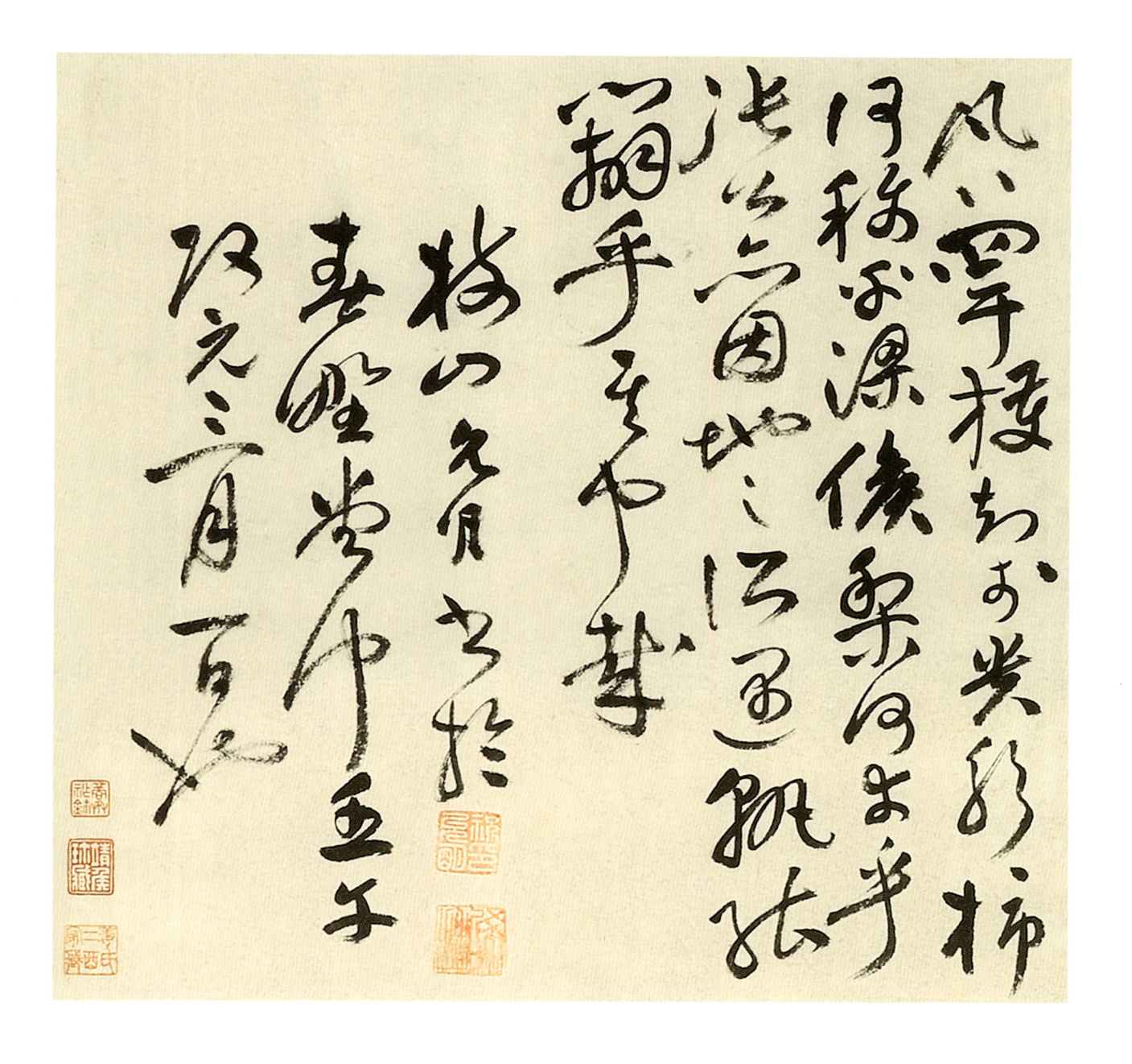

明 祝允明 草书 《晚晴赋》、《荔枝赋》 卷

纸本 纵:30厘米 横:457厘米 1522年作

　　祝允明（1460～1527年），字希哲，号枝山，自号枝指生，江苏长洲（今苏州）人。曾任广东惠州府兴宁县知县、南京应天府通判，故有"祝京兆"之称。书法造诣尤深，与文徵明、唐寅、徐祯卿号称"吴中四才子"。著有《祝氏集略》、《怀星堂集》等数百卷诗文。

　　此卷录唐代杜牧的《晚晴赋》和张九龄的《荔枝赋》，落款处钤有白文印"祝允明印"、朱文印"希哲父"。引首隶书"祝京兆墨迹"为清人冯志沂所题，全卷有姜绍书、朱荣爵、商承祚等收藏鉴赏印八方。

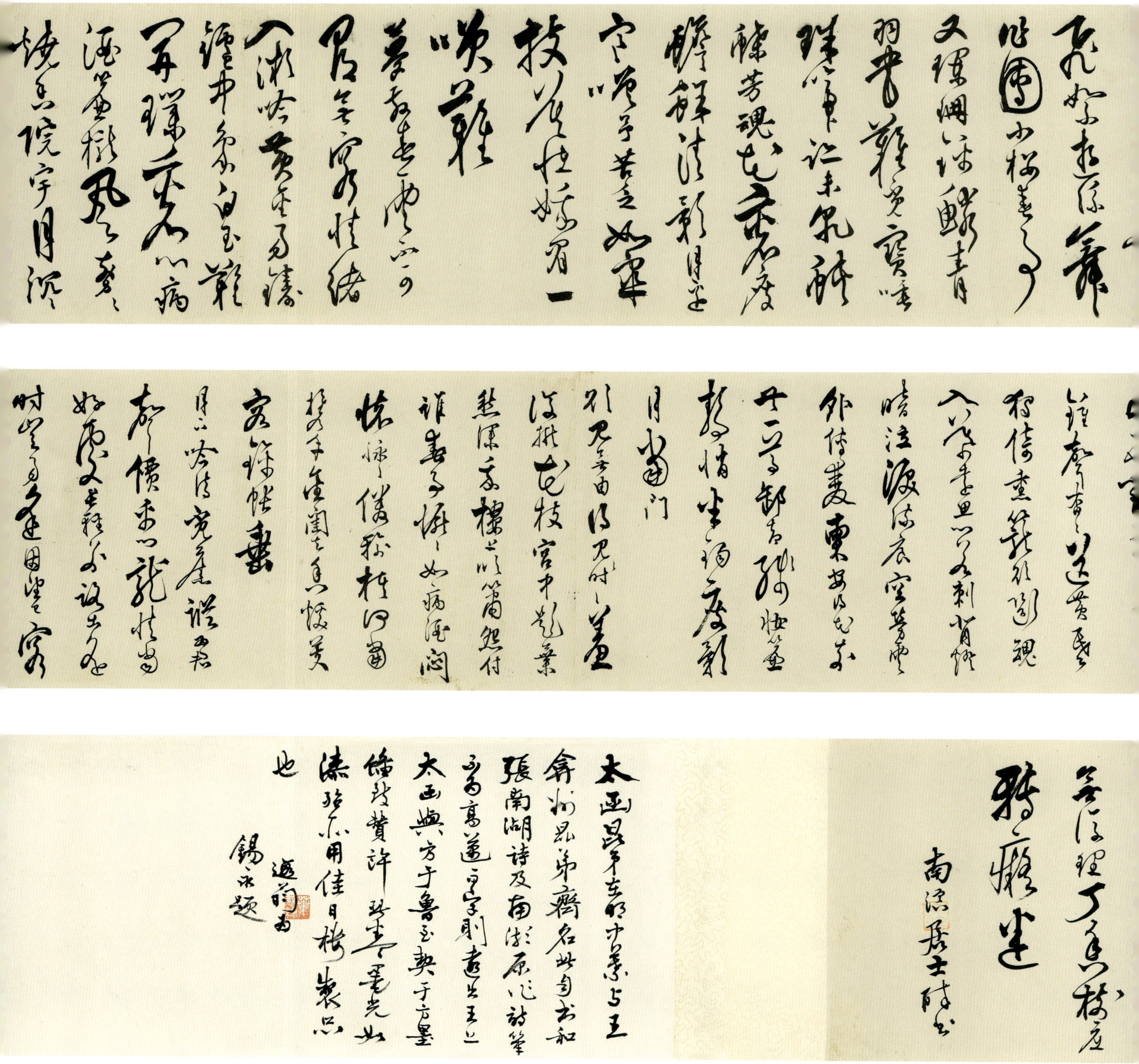

明　郑天鹏　草书　《和张南湖诗》　卷

纸本　纵: 24厘米　横: 748.5厘米　1516年作

　　郑天鹏（1474～1556年），明代学者。字子冲，号南溟，浙江诸暨人。明正德八年(1513年)举人，授江西弋阳县知县。诗文与书法俱佳。著有《南溟存稿》、《蓬莱亭集》、《闽游唱和集》等。

　　此卷前录明张蜓（字南湖）《效韩致光香奁体八首》，落款"南溟录"并钤朱文印"子冲"，后书《和张南湖香奁韵八首》，落款："南溟居士醉书"并钤朱文印"子冲"，前后合裱成此卷。拖尾有叶公绰题跋。

大善之美　深圳博物馆藏社会捐赠文物集萃

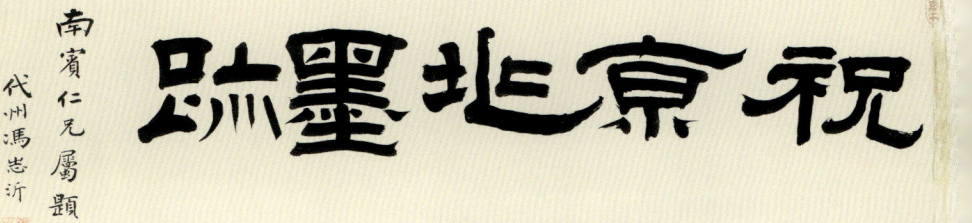

祝京兆墨跡

南賓仁兄屬題
代州馮忠沂

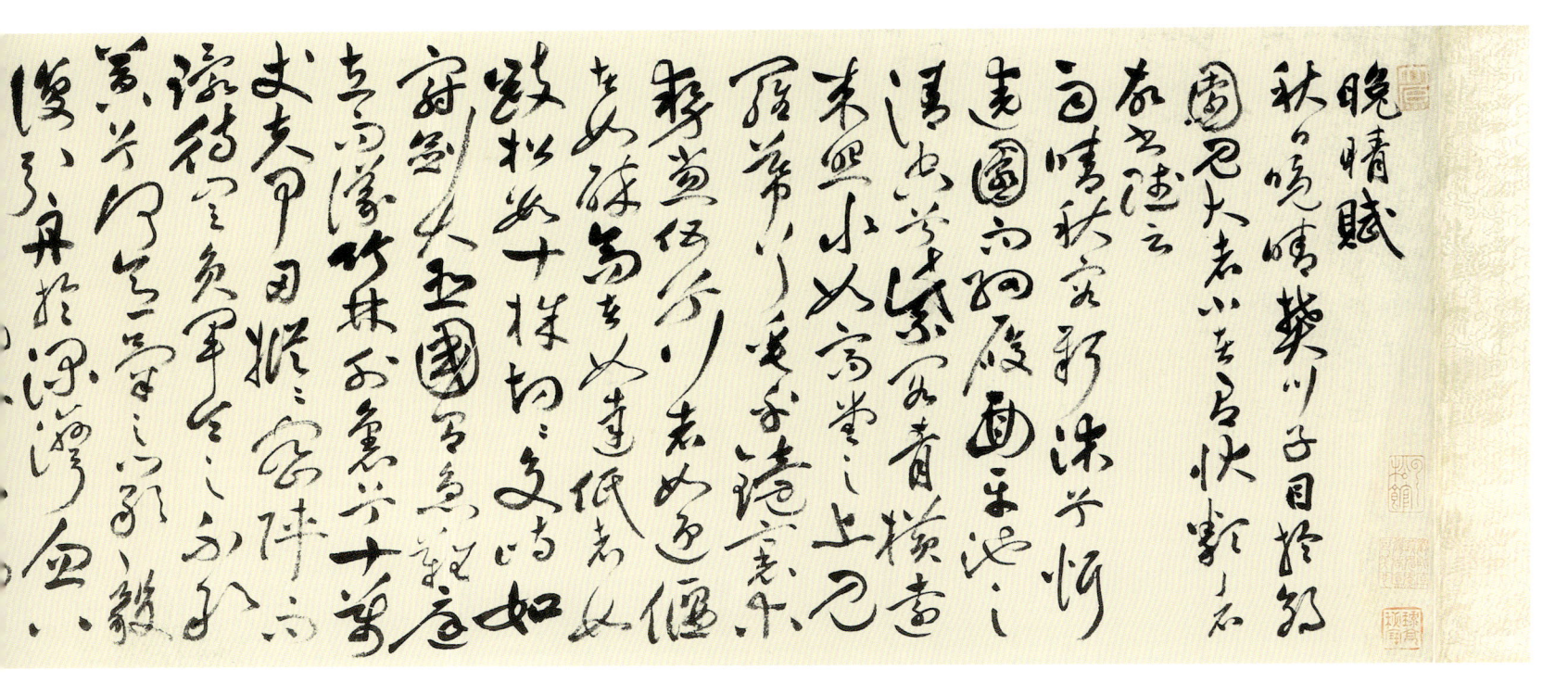

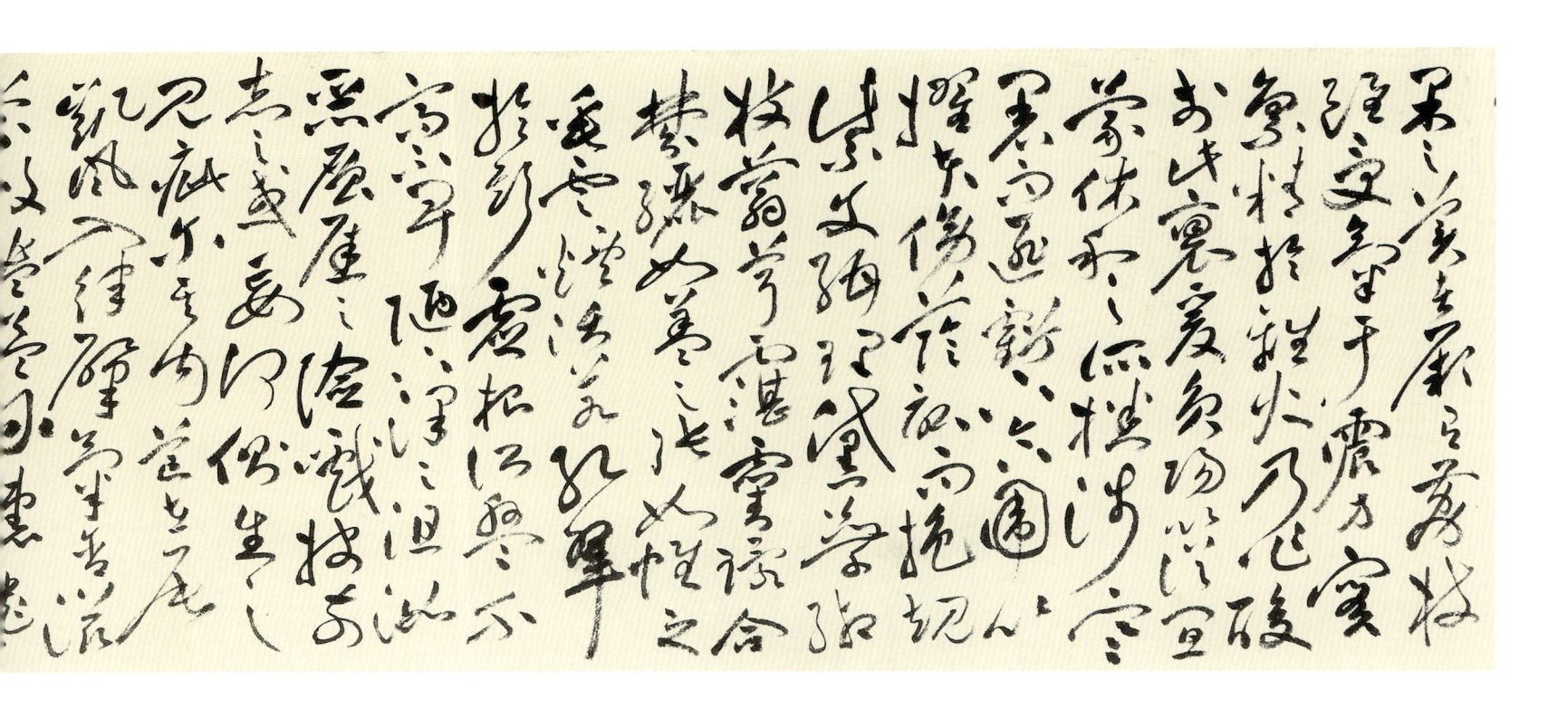

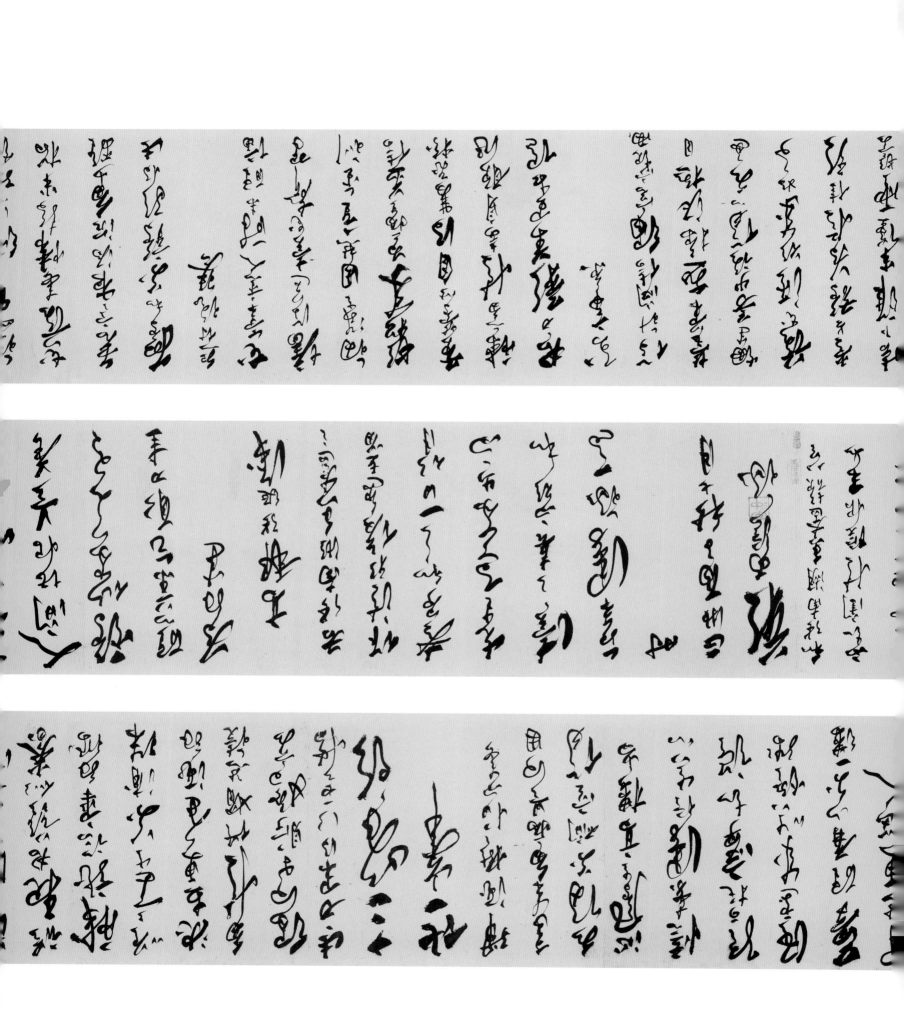

西湖之游甚乐，此兴若猖在於侠尊中开，山流水如酒纪腾墨生，待之石玄兴於下用下，虞免一列人报攸也诗電道

西湖之勝...竹誊雨花似畫中开
山深水涵望雲松手木
待之柏之雲興下角下歌
塵罘列那級水靜色道
牧堅夕寞織空空平暇
人眠前端故支林佛许
溪沙沖步約後
湖堂路久
神如碧石朧如诗天向色

浮帆羽飾彦色沖尋旺
織空仙如榜之飛執山水
寺道鳥玉世安藥八月秋
由湖二石家玉陸
寺汲望前師山海
六廊多牟对琴囊水興蓮
不平孙村却歌色紅
何似蘭草平畝色纪
排雨疏看丟家色
二四川李一卷名山民成色

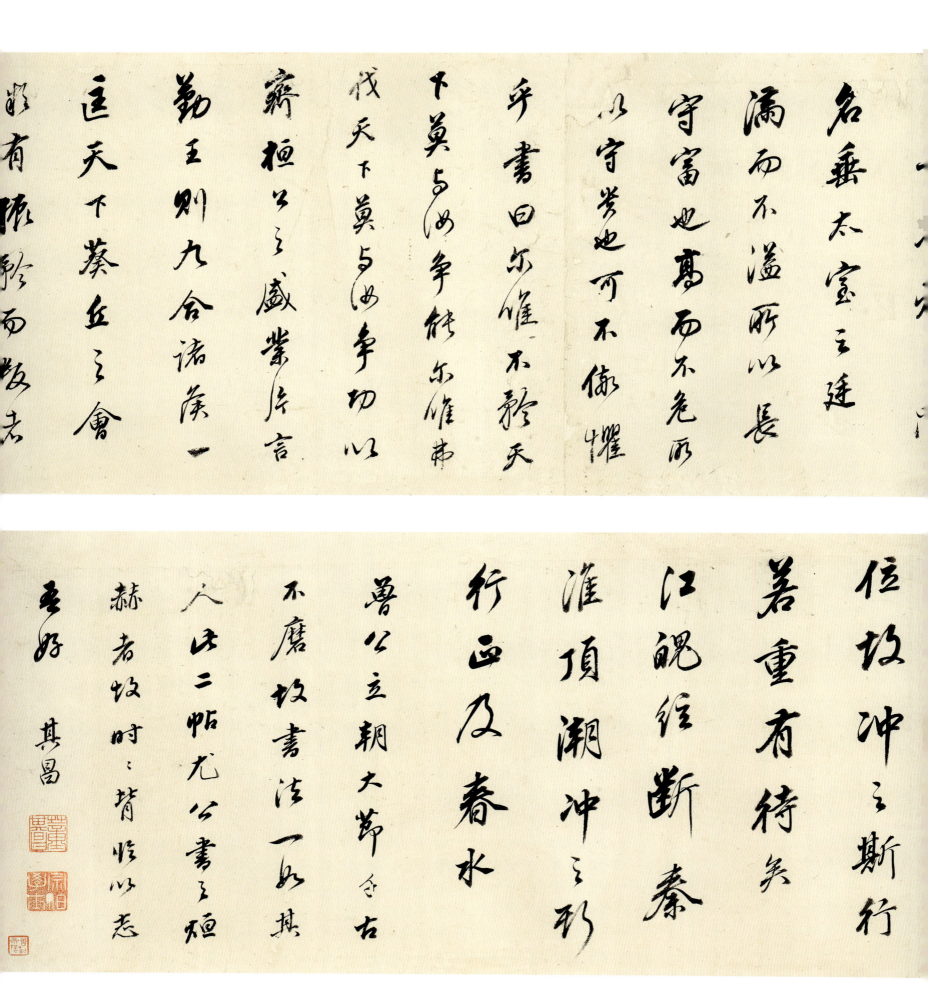

明 董其昌 行书 临《争座位帖》、《送刘太冲序》 卷

纸本 纵：25厘米 横：214厘米

　　董其昌（1555～1636年），字思白，号玄宰，又号香光居士，华亭（今上海松江）人。官至南京礼部尚书，是晚明最富盛名的书画家，也是著名的书画理论家和鉴藏家。其书法泛学诸家，秀劲清润，在意趣上崇尚平淡天真、自然生拙，对明末清初书坛影响极大。著有《容台集》、《画禅室随笔》等。

　　本卷行书共37行，后有自题："鲁公立朝大节千古不磨，故书法一如其人，此二贴尤公书之煊赫者，故时时背临以志吾好，其昌。"下有朱文印"董其昌"和白文印"宗伯学士"，卷首有朱文印"玄赏斋"。另有"阮氏琅环仙馆收藏印"（嘉道年间一代文宗阮元的收藏印）、"曾执齐信"、"安岳邹兰之秘藏"等收藏印。

盖太上有立德其次
有立功是之谓不朽
抑又闻之端揆者
百僚之师长诸侯
王者人臣之极地
今仆射挺不朽之
功业当人臣之极
地岂不以大为美
出功冠一时故得

九国攻田行百里者
半九十里言晚节
末路之难也
送刘太冲序
芳余作鄱平
原而参与漈
事掌铨吏部
第甲乙而超
升等夷迁来
鳞色简青　甲

若余作郡平原而参与湮事掌铨吏部

熱國攜田行百里亦

卑九十里至晚節

來誰之難也

送劉太冲序

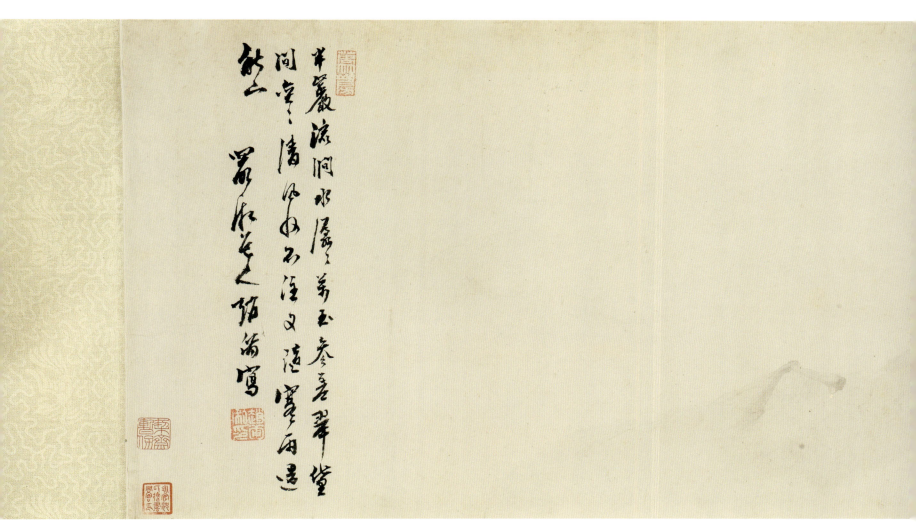

蒼巖瀨澖㵎水灕々萬玉參差碧堂
同虛清水秋不涅又涼當雨過
鈞山

蜀丽草堂舶寫

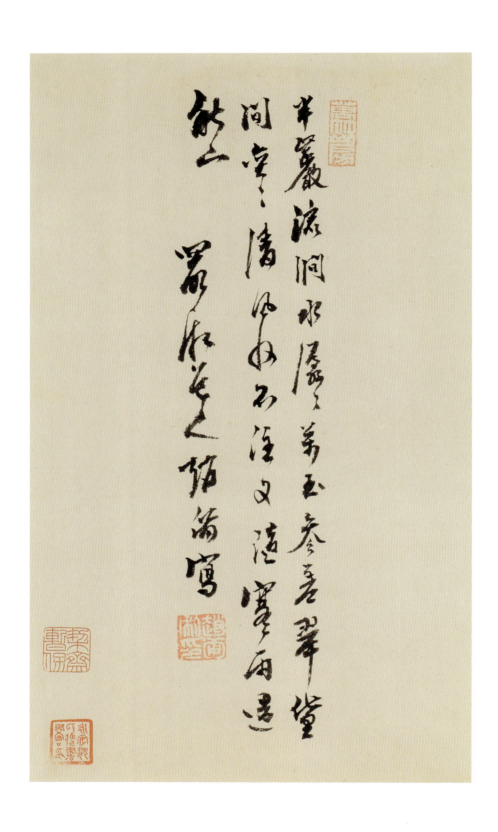

明　赵备　《万竿烟雨图》　卷

水墨纸本　纵：29厘米　横：408厘米

　　赵备，号湘南，一作湘兰，浙江鄞县（今宁波）人。万历末官中舍。善写竹，纵横雄逸，迥出一世。亦工山水、花卉。

　　本卷写各时竹子之各异形态。落款"四明湘道人赵备写"及白文印"赵备私印"一方，旁有"契斋暂保"（商承祚之印）、"永安沈氏藏书画印"、"万草山房"等三枚鉴藏印。

明　吴令　《坐看云起图》　镜心

设色绢本　纵：56厘米　横：31.5厘米　1636年作

吴令（明崇祯至清康熙初），字信之，号宣远，江苏吴县（今苏州）人。工花鸟山水。
此画题款"丙子春日摹，洪谷子吴令"，下钤白文印"吴令之印"。

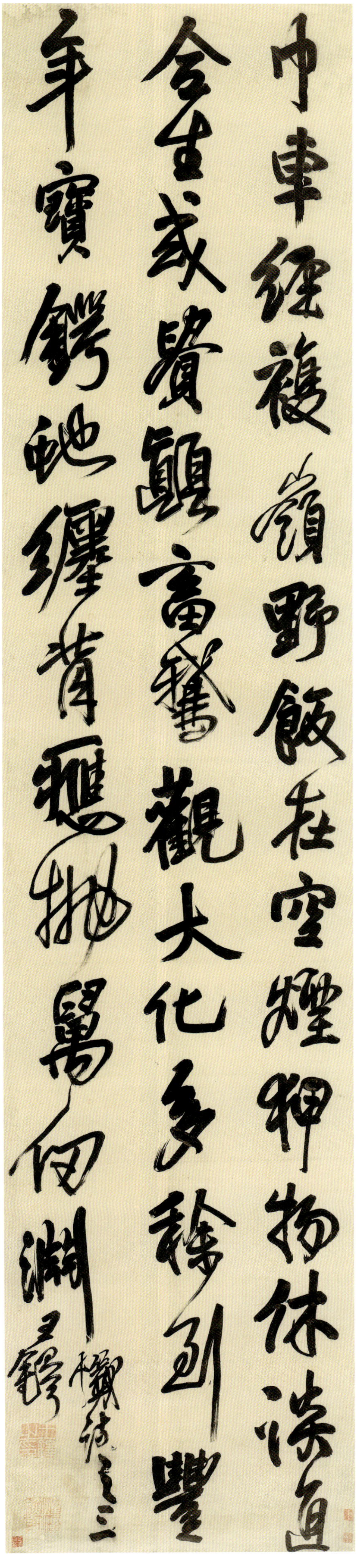

清 王铎 行书 《忏诗之三》 轴

绫本 纵：240厘米 横：49厘米

　　王铎（1592～1652年），字觉斯，号嵩樵，河南孟津人。明天启二年（1622年）进士，累擢礼部尚书，曾为南明朝东阁大学士。入清后，于顺治年间官礼部尚书。工诗文、精书画，尤擅行书、草书。著有《拟山园选集》。

　　此轴落款"忏诗之三、王铎"，钤白文印"王铎之印"和"烟潭渔叟"两方，另有收藏印"朱之赤鉴赏"、"卧庵所藏"两方。

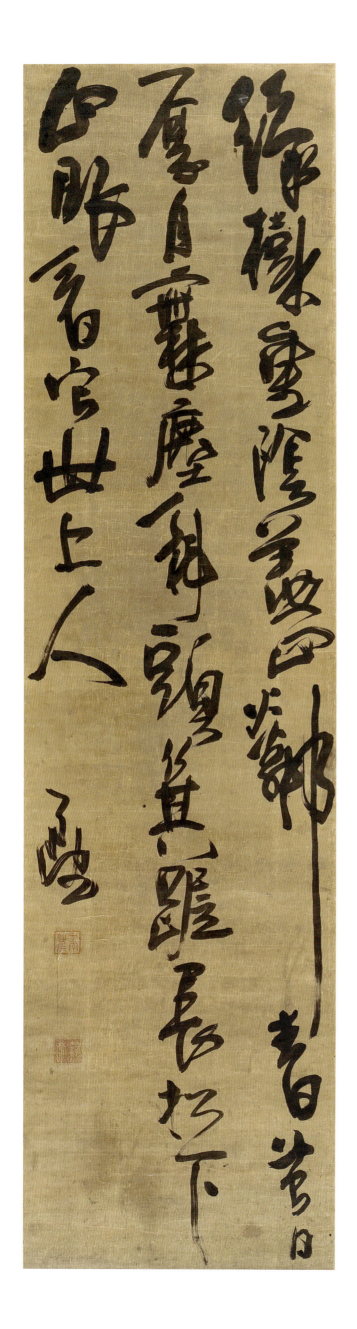

清　王了望　行书　王维《与卢员外象过崔处士兴宗林亭》　轴

绫本　纵:192厘米　横:49厘米

　　王了望（1605~1686年），字胜用，一字荷泽，号绣佛头陀，甘肃巩昌陇西人（今陇西县）。顺治五年（1648年）入贡，曾任福建泉州同安县令。工诗文，善书法。著有《风雅堂诗文集》等。

　　本轴行书写唐代王维七言绝句："绿树重阴盖四邻，青苔日厚自无尘。科头箕踞长松下，白眼看它世上人。"落款"了望"，下钤朱文印"王了望"、白文印"荷泽"。

清 郑燮 《四面风竹图》轴

水墨纸本 纵：143厘米 横：74厘米

郑燮（1639～1765年），字克柔，号板桥，江苏兴化人。乾隆元年（1736年）进士，历任山东范县、潍县知县。做官前后居扬州卖字画为生。他善诗词，工书画，绘画善竹、兰、石。书法用隶体参入行楷，自称"六分半书"。著有《板桥全集》。

本轴自题诗："咬定青山不放松，立根原在乱崖中。千磨万折还坚劲，任尔颠狂四面风。"落款"充轩老父台老先生政，板桥弟郑燮"，下有白文印"郑板桥"、"老而作画"各一方。

清　黎简　《奇峰古刹图》　镜心

水墨纸本　纵:70厘米　横:29厘米　1784年作

黎简（1747～1799年），字简文、未裁，号二樵、石鼎道士，广东顺德人。乾隆五十四年（1789年）拔贡。乾嘉年间岭南著名诗人、书画家。画法宗宋元。山水简淡，皴擦松秀，道劲精细。著有《五百四堂诗钞》、《药烟阁词钞》等。

画面题款："奇峰古刹图，甲辰夏四月，秋屏老弟过我村庄，夜阑以黄鹤山樵笔法书写此图，将以付添丁为世好也。愚兄黎简记。"下有朱文印"石鼎"一方，左下角有白文收藏印"长白视静"。

清　祁豸佳　山水图　扇面

水墨泥金纸　纵:17厘米　横:51厘米　1656年作

祁豸佳 (1594～1683年以后)，字止祥，号雪瓢，浙江山阴(今绍兴)人。善书画、能篆刻，工诗文。明亡后隐于梅市。工书善画，能篆刻，能诗文。书学董其昌，山水宗董源、惠崇、沈周等，善仿诸家山水。

本扇面有题款"丙申春日写，祁豸佳"，下有朱文印"豸佳"。

清 王璐卿 《竹林幽趣图》 轴

水墨纸本 纵：79厘米 横：30厘米 1700年作

　　王璐卿，女，生卒年不详。字绣君，一字仙媚，江苏通州（今南通）人。清初一代文宗王士祯女弟子，著名女诗人。天姿颖异，诗词皆工。善花鸟，得宋人法，又善刺绣。著有《锦香堂集》。

　　画面题跋四行，款识"庚辰冬日临仲姬夫人本，仙媚王璐卿识"，下钤白文印"仙媚"、"绣君"二方，右下角钤白文印"王璐卿印"一方，左下角钤白文印"曾契斋信"一方。

清　王文治　行书临《快雪时晴帖》　轴

纸本　纵:128厘米　横:37.5厘米

　　王文治（1730～1802年），字禹卿，号梦楼，江苏丹徒（今镇江）人。乾隆二十五年（1760年）探花，官翰林侍读，至云南临安知府。工诗书，兼善绘事。书法得董其昌神髓，与梁同书齐名。著有《梦楼诗集》、《快雪堂题跋》等。

　　此幅临王羲之"快雪时晴法帖"两行，行11字。落款："东晋至今近千年，书迹传留至今者，绝不可得。快雪时晴帖，晋王羲之书，历代宝藏者也。文治临"。下钤朱文印"文章太守"，卷首钤朱文印"柿叶山房"。

列聖相望

太祖
太宗肇自藩之蜀　創業垂統久而弥我
世祖受之宅是朔方風雨於是乎和會晤
　　　　　　　違彼是乎四朔地必厥吉

國家經營締造以荒以康偃天下
會於珍藥滿之於無疆者乎
之光庸詎知春
　　　　　　　維昔

雙闕之雲長是莫釣夕他之方承天

山幡結民物旱穰童堂自謳
原隰多芸荒柳向春而先綠書未
秋雲黃對哥家之雨小暗

物而言滿一夫其金城仁乙玉池湯
連月不散知藍竹所雄書向長

有菅闉闳駟闻巷居無術方
城北而短又如九衙九市呂領
楊實延玉盥匯城南而贏風

長已喧鬧夕未夕春酒春燈

皇州
賦曰春風与微和　呂春字

皇州正好春甬春風自善微郎氣
之仁菁樹花輕塵經堤草暗匀
青條猶留紫陌不為塵乍
貢松禊地還立投筆人誓邇
初放舞蓝受鵠相親蠶正蔵
桑侯農家課種辰東郊和

渝沧天光遠

聖皇主是善綿綠乘褉武是
人盅求篤長皈去

治治安萬里膦周千門應戶著

菰扆
楓宸
武控作
言甬

　　　嘉慶十七年二月六日大考前
　　　唐编修宋湘草稿

清　宋湘　行书《帝京赋》卷
纸本　纵：26厘米　横：188厘米　1812年作

帝京赋以春色满皇州为韵

帝京篇

帝京居所北辰君山庄海乾篾弥
地纪则冀州之域天文则析木
之津九州之所拱向万国之所

来宾宅中图大炳之襟之溯自
元此运此比夏造西殿固玉我
南西益盛乃拱卫半百神五云
葺之茅及辩之础石之楼产
自碧氟门之烟榭皆春东其
九门之内裁裹伏垣市之圆方
正阴场之南此日月转乎斡穋
星辰窥而下侧

太乙所宫之谓
学极於左城古平三槐九棘
公卿济跄臣都万位出州有
府有罗入州有陛有直岑其
九陌鸦噪六街尘直车马朝
天史城一色若夫卿士之容述居之馆

圣祖
世宗遇夏轶商
纯皇是今大到载杨之径武律锋金镜
珠宴居乎九天之上集宇信载
之庆盖李纲振维于岁者百

授于我
皇帝则三子先治六府呪悄日有重
完之应月有重辂之麻加以

泮宫基命
劬庐行谋不忒不泄不竞不絿我之乎
我城家備草於磐石我郊邾遂

莫若金颐寿阉
宫厥晓拜
晃孙金釜露湛铜砾厩菜朝宇者
川玉寿惹者云流璆西寘东至
不能写其壮规堂焉宵要变
阿可道其遗献谨作颂百俾彼
景山白云油之自天冒之凤岛

宋湘（1757～1826年），字焕襄，号芷湾，广东嘉应（今梅县）人。乾隆五十一年（1786年）解元，嘉庆四年（1799年）进士。清代中叶著名诗人、书法家，被誉为"岭南第一才子"。

此卷行书《帝京赋》，正文七十四行，行十四字，落款"嘉庆十七年二月六日大考，翰詹编修宋湘草稿"。

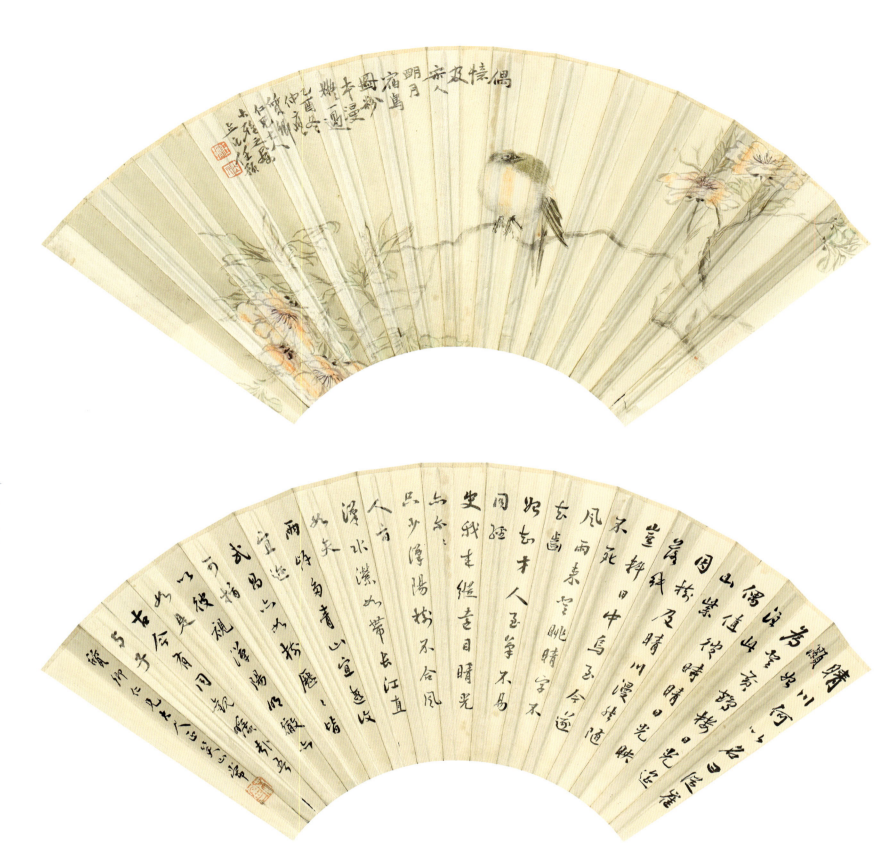

清 任预 花鸟 常笑山 行书诗文 成扇

设色纸本 长：53厘米 高：32.9厘米 1885年作

　　任预（1853～1901年），字立凡，浙江萧山人，任熊之子。"四任"中，最为年轻。善画人物，于任氏宗派中求变，常于山水中加人物树石，以求出新。常笑山、生平不详。

　　此扇面一面是任预设色花鸟图，并题"偶忆及宋人明月宿鸟图粉本，漫拟一过。乙酉冬仲，应质卿仁兄大人大雅之属。立凡任预"。下钤白文印"任预"、朱文印"立凡"。另一面为常笑山行书诗文28行，后题"质卿仁兄大人正。笑山常"，下钤白文印"恭常印"。

清　吴大澂等合作　《富贵耄耋图》　轴

设色绢本　纵：125厘米　横：41厘米

　　吴大澂（1835～1902年）、字清卿，号白云山樵，晚号愙斋、江苏吴县（今苏州）人。同治七年（1868年）进士，官至广东、湖南巡抚。精于鉴赏和考据学，诗、书、画、金石皆优，尤善篆书。著有《说文古籀补》、《古玉图考》、《愙斋文集》等。

　　此图绘牡丹白猫，工笔写猫，没骨法写花石。图中有题跋多处，记述他们合作绘制此画的过程，展示了晚清民国时苏州文人间的书画交往。吴大澂在1891年临潘恭寿本画猫蝶牡丹。1892年吴氏将此画送给顾麟士。1894年由顾澐补画石，之后由陆恢收拾完成全画，陆氏1895年题记。1916年，顾麟士又将此画送给郑文焯。全幅共有题跋四处，为吴大澂、顾澐、陆恢、顾麟士所题，并分别有他们印章多方。

清　吴熙载等十二人合绘　山水图　轴

设色云蓝笺　纵：130厘米　横：59.5厘米　1848年作

此画乃吴熙载、史康、亚箴、王素、倪复堂、莲溪、许海秋等多人合绘而成。吴熙载（1799~1870年），初名廷飏，以字行，后又字让之，江苏仪征人。清代篆刻家、书画家，包世臣的入室弟子。著有《通鉴地理今释》、《师慎轩印谱》等。

画面绘二高士在山林茅亭中对坐清谈景致。上有吴熙载题跋，内容记画此图的具体分工，下钤朱文印"熙载"、"吴廷飏私印"，画面左下角有白文印"秉璜心赏"、朱文印"默庵珍藏"两方收藏印。

清　黄士陵　《周云雷罍博古图》　轴

墨笔描金纸本　纵：65厘米　横：29厘米

黄士陵（1849～1908年），字牧甫，别号倦叟、黟山人，安徽黟县人。清末著名的篆刻家、书法家，在印坛与吴熙载、赵之谦、吴昌硕合称"晚清四大家"。篆刻取法汉印，参以商、周铜器文字的体势笔意，章法自然，运刀挺拔，在皖、浙两派外开创"黟山派"。著有《黟山人黄牧甫印集》等。

此图摹绘周云雷纹罍全器图，上有题记七行，行十字，并钤白文印"黄士陵"。

晚清民国　罗振玉　篆书　临毛公鼎铭文　四条屏

纸本　纵: 147.5厘米　横: 39厘米（每幅）

　　罗振玉（1866～1940年），字叔蕴，号雪堂，又号贞松老人。祖籍浙江上虞。其与王国维、董作宾、郭沫若并称"甲骨四堂"，是甲骨学的奠基者之一，同时也是考古学家、金石学家、敦煌学家、收藏家和中国现代农学的开拓者。著有《雪堂类稿》、《敦煌石室遗书》、《殷虚书契考释》等。

　　此四条屏墨书临篆体毛公鼎铭文15行，行12字，落款"谱笙仁兄大人雅属，商遗罗振玉临古"。下有朱文印"振玉印信"、"恨不得填漫了普天饥债"。

篆書

爽	命	鼓	王
天	不	乙	生
辈	回	惠	巳
爽	守	郡	中

（篆書節臨金文）

潘筥仁兄大人雅屬

商遺羅振玉諾古

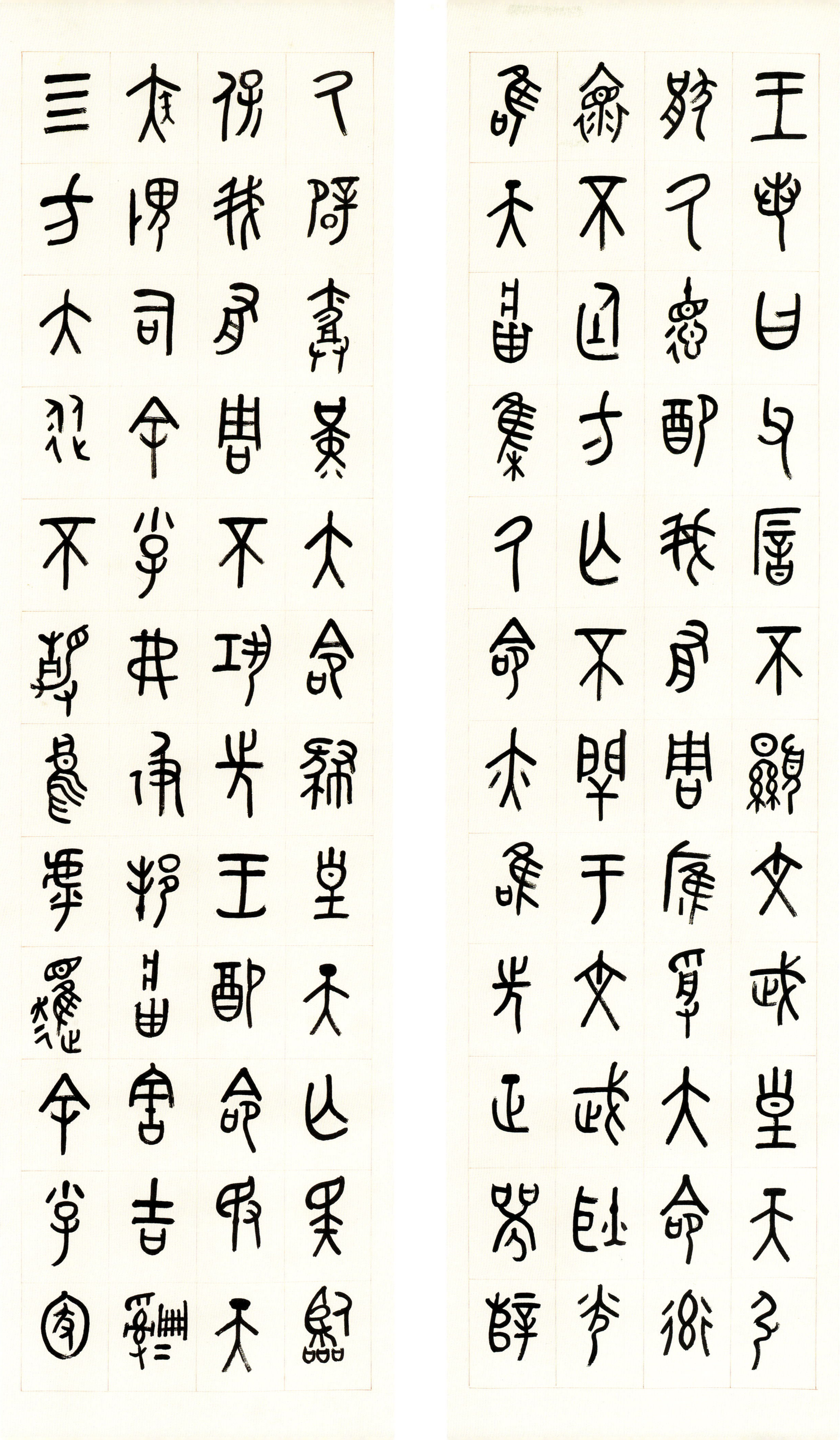

大善之美

深圳博物馆藏社会捐赠文物集萃

民国 姚华 《山寺鸣泉图》 轴

设色绢本 纵: 134.5厘米 横: 32厘米 1919年作

　　姚华 (1876～1930年), 字重光, 号茫父, 贵州贵阳人。精通诗文词曲、碑版古器及考据音韵等, 兼善山水、人物、花卉, 书法亦造诣高深。著有《弗堂类稿》等。
　　画面设色绘山岭、流水、山泉、瀑布、古寺等, 上有题跋"乱山藏古寺, 危磴泻鸣泉。己未闰七月二十有四日莲花盦为体仁世兄作画。姚华茫父", 下钤白文印"姚华", 左下角钤有白文印"王鸿翔印"、朱文印"宾秋"。

晚清民国 陈三立 行书 诗文 成扇

纸本 高：32厘米 宽：50.5厘米

陈三立（1859~1937年），字伯严，号散原，江西义宁（今修水）人。湖南巡抚陈宝箴之子，光绪十二年（1886年）进士。曾与黄遵宪创办湖南时务学堂，近代诗文名家，同光体代表人物，被誉为中国最后一位传统诗人，与谭嗣同、丁惠康、吴保初合称"维新四公子"。其长子陈衡恪是国画大家，次子陈隆恪为著名诗人，三字陈寅恪更是成就卓越的历史学家，被推为学界泰斗。著有《散原精舍诗文集》。

此扇用发笺纸、竹骨装裱。一面有行书诗文一首，共13行，落款"题冯君木《逃空图》，骏孙世兄诗家正，散原老人三立"。下有朱印"三立"一方，另一面光素。

晚清民国　陈衡恪　篆书 "放下便是" 横批

纸本　纵:32厘米　横:130厘米

　　陈衡恪（1876~1923年），字师曾，号槐堂，又号朽道人，江西义宁（今修水）人。陈三立长子。善诗文、书法，尤长于绘画、篆刻。其山水注重师法造化，写意花鸟师从吴昌硕，画风雄厚爽健，富有情趣。著有《中国绘画史》、《中国文人画之研究》、《槐堂诗钞》等。

　　此幅墨书篆体 "放下便是" 四字，有衡恪款及朱文方印 "陈衡恪印"。

民国　陈宝琛　《青松图》　轴

设色纸本　纵: 65厘米　横: 26厘米　1918年作

　　陈宝琛 (1848～1935年), 字伯潜、伯泉, 号弢庵, 又号橘隐, 福建闽县 (今福州) 人。同治七年 (1868年) 进士, 官太保, 为宣统 (傅仪) 太傅。书法学黄庭坚, 喜画松。著有《沧趣楼诗集》、《沧趣楼文存》、《陈文忠奏议》等。

　　此幅绘松树图, 并有题记:"秋老严霜落九霄, 寒城木叶下萧萧, 谁知岁晚空山里, 百尺青松独不凋。戊午春日为任公文作, 宝琛题于沽上。"下钤白文印:"陈宝琛印"、"弢庵"。

畫竹一得淺說

自畫竹二十幅
附徐宗浩臨柯九思竹譜

畫竹一得淺說

商衍鎏譔輯手書

梅蘭竹菊高逸清潔、品評者謂之為四君子。松竹之
遇嚴寒而蒼翠不改、梅花之經霜雪而香愈盛、共又以
歲寒三友稱之。夫君子也、友也、而竹皆在其中、則竹之
品格可知。李息齋云「竹非草木不亂散生者有長
幼之序、鼓生者有父子之親、密而不繁、踈而不陋沖虛
簡靜妙粹靈通其可比於全德君子矣、畫為圖軸如瞻
古賢哲儀像、自令人起敬起慕、是以古之作者於此亦

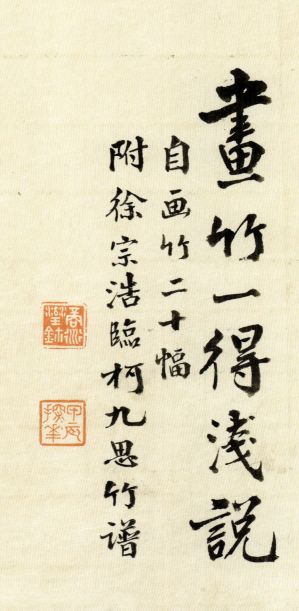

民国　商衍鎏　楷书　《画竹一得浅说》手稿

纸本　纵：45厘米　横：35厘米

　　商衍鎏（1874~1963年），字藻亭，号又章、康乐老人，广东番禺人，商承祚之父。光绪三十年（1904年）甲辰探花，授翰林院编修。新中国成立后，历任江苏省政协委员、广东文史馆副馆长、中央文史馆副馆长。学者、书法家。楷书初学褚、颜，功力深厚，亦喜画竹。著有《清代科举考试述录》等。
　　此书为商氏所写的画竹心得，并有自画竹20幅，曾收录在《商衍鎏诗书画集》中。

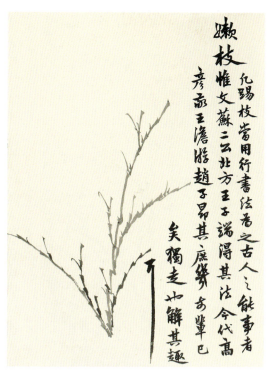

民国 徐宗浩 临《柯九思竹谱》 册页

水墨纸本 纵：44.7厘米 横：34.7厘米 1938年作

徐宗浩（1880~1957年），字养吾，号石雪，斋名为岁寒堂，江苏武进人（今常州）。久居北京，与白石老人友善。精山水、松竹石，犹擅画竹，并著有竹谱，亦精书法印石装潢，其书法临赵孟頫几能乱真。曾为中国书协指导。

此画册以水墨摹绘竹谱，每画页上的竹图均冠有名称："风株"、"雨双株"、"倚辟"、"悬崖"、"穿林"、"倚木"、"老树"、"枯梢"、"棘条"、"风竹"、"晴叶破墨法"、"两叶破墨"、"雨叶"、"风叶破墨"、"晴叶繁"等共18幅，后有徐宗浩、商衍鎏的后记各一篇。

现代　商衍鎏　《竹石图》　轴

绢本　水墨　纵：71.5厘米　横：31厘米　20世纪50～60年代

此幅绘竹石图，巨石旁长有数枝竹子，枝叶繁茂。用笔挺秀，一丝不苟。右旁有题记"疏疏落落，茶茶苍苍。劲挺高姿，轩昂倔强。商衍鎏作"。下有白文印"藻亭八十后作"一方。

明于谦诗石灰吟迨青年述志之作

一九七九年五月

商承祚书于羊城

现代　商承祚　篆书　于谦《石灰吟》　轴

纸本　纵：126.5厘米　横：42.8厘米　1979年作

　　商承祚（1902～1991），字锡永，号契斋，广东番禺人。古文字学家、金石篆刻家、书法家。出身书香仕宦之家，早年从罗振玉选研甲骨文字，后入北京大学国学门做研究生。毕业后先后任教于南京东南大学、中山大学等高校。书法在金文方面造诣最深、独树一帜。著有《殷墟文字类编》，集撰有《石刻篆文类编》、《金文萃编》等。

　　此幅篆书于谦《石灰吟》全文："千锤万凿出深山，烈火焚烧若等闲。粉骨破身全不怕，要留清白在人间。"旁有注释："明于谦石灰吟迨青年述志之作，一九七九年三月，商承祚书于羊城。"下钤有白文印"商承祚"、"一九零二年生"。

邓 拓 夫 人 丁 一 岚 女 士 捐 赠 书 画

　　邓拓（1912~1966年），原名邓子健、邓云特，笔名马南邨、左海等，福建闽县（今福州）人。长期担任《人民日报》社长等中央主要宣传机构领导职务，杰出的新闻工作者。其夫人丁一岚是中央人民广播电台第一任台长。

　　邓拓一生从事文化工作，抗战时期便开始文物收藏。新中国成立后负责历史博物馆的筹建工作，开始广泛接触古代书画和历史文物，对古书画收藏产生了浓厚的兴趣，并有深入的研究，提出要善于从中国美术创作的传统中吸取精华，加以发展。上世纪80年代值深圳博物馆筹建之际，由我馆顾问莫稚先生、广东著名书画鉴定家苏庚春先生和北京著名画家唐云先生牵线联系，丁一岚同志向我馆无偿捐赠了一批邓拓生前收藏的书画。其中如引领明代花鸟画坛的"青藤、白阳"之一陈淳的设色花卉，笔墨淋漓，设色淡雅，风格疏爽而意趣盎然；"海上四任"之一任薰的《海屋添筹图》，人物造型别出心裁，不落古人窠臼，形成了崭新的艺术风格；清代馆阁体大家张照的行书五言联，用笔浑厚，天骨开张，气魄宏大，功力深厚。这些书画精品，已成为深圳博物馆书画藏品中的重要收藏。

明 陈淳 花卉 轴

设色纸本 纵：88.5厘米 横：26.5厘米

　　陈淳（1483～1544年），江苏吴县（今苏州）人。字道复，后以字行，号白阳，又号白阳山人。善花卉、山水，尤于水墨写意花卉方面成就突出，与徐渭并称"白阳、青藤"。

　　此幅上有草书题跋："春是花时节，红紫各自赋。勿言薄脂粉，适之表贞素。道复。"钤白文印"白阳山人"。右下角钤朱文印"曾在上海蒋幼节处"。

清 王原祁（款） 山水 扇页

水墨纸本 纵：18.2厘米 横：54.5厘米

　　王原祁(1642～1715年)，字茂京，号麓台、石师道人，江苏太仓人，王时敏孙。康熙九年(1670年)进士，官至户部侍郎，人称王司农。擅画山水，继承家法，学元四家，与王时敏、王鉴、王翚合称"四王"，加上吴历、恽寿平又称"清六家"。著有《雨窗漫笔》、《麓台题画稿》等。

　　扇面用洒金笺纸、折页式裱，绘水墨山水，右下角有"臣王原祁恭画"款，下钤朱文印"臣原祁"。

访君非为话穷愁商
眯千年春兴秋何事
鐙前珪藥六文章自
右不封侯 题以
隨公告年臺 郭棻

绿铭青嶂是秦馀壜
境七归藏史居素友
讵走和入路顽僝宁渍
未焚書 为
随翁老先生
史夔晚

仿米海岳筆意
钱塘徐言

晚告盤石上西風
映白首有情豈在
魚薄试然綸手
清書

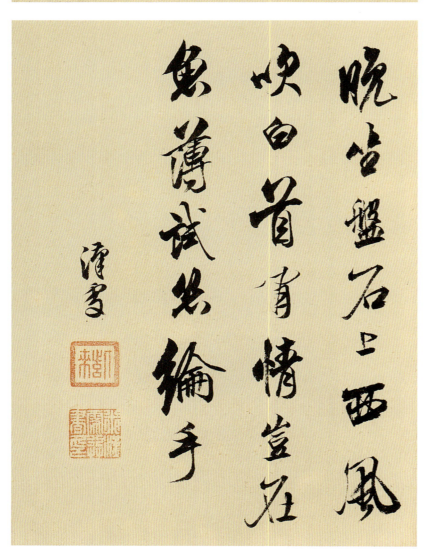

清　徐言、刘源等十人　书画　册页

纸本　纵：23厘米　横：17厘米（每开）

徐言，生平不详。

刘源，字伴院，河南祥符（今开封）人。康熙（1662～1722年）时召入内廷，官至工部侍郎。善山水、人物、写意花鸟，书工行篆。

此作绫裱成册页，共集绘画作品六件、书法作品八件。

何處花香入夜清石林茆屋隔
溪聲幽人月出每孤往栖鳥山
空時一鳴草露不辭芒屨濕松
風偏與葛衣輕臨流欲寫猗蘭
意江北江南無限情 漢雯

畫似
隨翁老先生
錢唐徐言

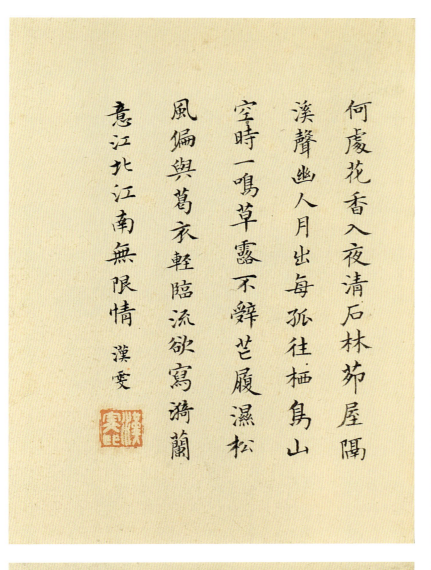

隱隱翠微梯招提在此峰山中昨夜雨
雲際一聲鐘磴曲攀蘿入僧閒策杖逢
留連花嶼下洞口野煙封竹通樵徑
雲深茅幾重崩崖懸白石折坂上青
松忽見幽禽起長鳴絕頂峯賓朋攜
檮至澗口肯相從 香山松磴分峯字二首

隨翁老門臺正之
田雯

江流天地外山色有
無中 劉雯

三伏炎蒸定可憎寒林
蕭瑟照直林虛亭合著
畫人臥嵐影溪光踠腳
旁　暑中為
隨翁老年臺題
正
王士禄

師文興可
恕菴源

紅葉青山俯碧流花飛片々
逐輕鷗世間多少絲綸客耶
識滄江有釣舟
壬子早春題為
隨翁老先生并正
西吳嚴我斯

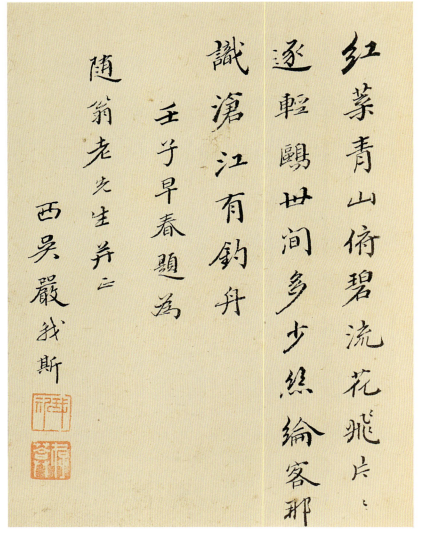

石城徐惊畫本
隨翁先生清鑒

無事此靜坐

有情還賦詩

张照

清　张照　行书　五言联

描花笺　纵：103厘米　横：26厘米

张照（1691~1745年），初名默，字得天，号泾南、长卿、天瓶居士等，华亭松江（今上海）人。康熙四十八年（1708年）进士，官至刑部尚书。通法律，精音律。工诗书，精鉴赏。其书法远师颜、米，近接赵、董，尤得力于董，康熙评之"羲之后一人，舍照谁能若"。乾隆九年（1744年）奉命与梁诗正等鉴别宫廷所藏历代书画，分类编成《石渠宝笈》，并主持编纂《秘殿珠林》。著有《天瓶斋书画题跋》、《得天居士集》等书。

此幅墨笔行书"无事此静坐，有情还赋诗"。有张照款及白文印"张照之印"、朱文印"嬴海仙琴"。上联引首有朱文印"既醉画"，下钤"建雄审定"、"平主珍赏"。

美人新浴

曉帳初開濯露枝浮欄光景沐咸池
祇存金粉消融意莫到風塵按柳時流
貼也露餘液賜遮藏可許隔簾窺蘭
膏留得香泥恨又見新雛點水嬉

江香馬荃寫

清　马荃　花卉　折页

设色绢本　纵: 31.7厘米　横: 30.7厘米（开）

　　马荃（清康熙至乾隆间），女，字江香，江苏常熟人。其画善勾
染，名重江南一时。
　　此作绘工笔花卉。一开题为"美人新浴"，并有楷书题诗一首，落
款"江香马荃写"，下钤朱文印"江香"、"马荃"。一开题为"雪舞
青猊"及楷书题诗，落款"江香"，下钤朱文印"江香"、"马荃"。

雪舞青猊

細瓣團團玉尺圍　中心忽露翠雲衣　才從難足翻筋斗　又向清涼

闕箭机繭紅怒書徐季海雲堂妙畫陸探微狂風休作雷音吼

梦醒花陰印雪歸　江香

清　洪亮吉　行书　自作诗赋　横批

片金纸　纵22.3厘米　横123厘米

洪亮吉(1746～1809年)，又名礼吉，字稚存，号北江，晚号更生居士，江苏阳湖（今常州）人。乾隆五十五年（1790年）进士。精于史地和声韵、训诂之学，善写诗及骈体文。书法以篆书见长，兼工隶书、行书。善画兰竹。著有《卷施阁诗文集》、《更生斋诗文集》、《北江诗话》等。

此幅行书抄录诗赋共39行。前有"序文"4行，落款"更生居士洪亮吉稿"，旁铃有朱文印"更生居士"。"序文"下铃有朱文印"长昆仑寿，渡星宿海"方。

清 任薰《海屋添筹图》轴

设色纸本 纵：178厘米 横：91.5厘米 1870年作

任薰（1835～1893年），字阜长，浙江萧山人。与任熊、任颐、任预合称"四任"，海上画派代表画家之一。人物、花鸟、山水无不擅长。取景布局独树一帜。著有《十八应真图画谱》。

此画内容为"麻姑海屋添筹"，右上角题"同治庚午夏五月，阜长任薰写于吴门寓斋"，并钤白文印"任薰之印"。

清　许阳春　设色山水　王仁堪　行书　纨扇页

绢本　径：25.5厘米

许阳春（约活动于19世纪），生平不详。

王仁堪（1848~1893年），字可庄，号忍庵，福建闽县（今福州）人。光绪三年（1877年）一甲进士，官至苏州知府，史称王苏州。善书画。苏州镇江金山寺外，镌刻在方池南面石栏上的"天下第一泉"大字就出自他手。

此扇页一幅为许阳春所绘设色山水人物图，上有题字"仿石谷子为竹年大兄大人方家属，许阳春"及朱文印"雪"、"堂"二方。一幅为王仁堪所书行书题跋，落款下有白文印"仁"、"堪"二方。册页上有尹彭寿题记二处。

清　陈国瑛　《玉田八景图》　册页

设色绢本　纵:32.5厘米　横:32厘米（每开）

陈国瑛（约活动于17世纪初至中期），生平不详。

此册页每开一画一字，画均为陈国瑛所作浅设色山水，各幅题为"文峰夕照"、"西山晴雪"、"蓝洞归云"、"翠屏朝雨"、"剑溪渔唱"、"华顶秋霞"、"仙岭樵歌"、"玉滩夜月"。字均为行草书，或题诗或作句。书作者为张金荣、林正青、杨轩、周溥、陈天玑、何瀚、郑上遴、谢道承等人。每开字画上均有作者印多方。

文峰夕照

东南一峰锐而簪额峰之颠
出也夕阳射之文彩烂然

万仞文峰晓更苍疎林倒影
散辉光兔毫凝墨书晴漾
乌彩流金炽夕阳振秀祖今
名胜境毓才従古骋文㘯名
公对此频蔡仰江笔题成
五色章

谢道承

西山晴雪

邑之西层岩叠嶂藏喜十云窈冬雨
雪仙山不见白榈又山之颠有之霁後仰
观益增爽气

六合云雨一望中丁和见日华融
石尔璚屑森盛厈松却银鳞竖整
五色凤鸾来献瑞千原骊鼠竜潜跥
星躔到亥势兆历従此吾民乐岁☐

张金荣

藍洞歸雲

丈峯下有藍洞薄暮雲氣
歸焉兀介布護靈谷盡白
藍田雲洞倚天開厚寸俄從大地
來五色尚含龍氣溫環高長伴
鶴舉田久委靈蔭坐瑤草更托
繁陰護綠苔明發又埒天上玄
霑城甘澤洒氣埃

龜峯林正青

翠屏朝雨

邑治北有山曰翠屏蓋邑之主山也形
如屏嶂竹樹蓊蒨春朝微雨空濛
蔚然羣峯之可觀

晉安楊軒

岩巉龍埠敞幛屏向晚空濛雨未晴
溜欲仙崖珠滴滴聲和靈籟玉玲玲
陰雲白為宗花入温擁主雲繞竹生
如是鈞衡勞妙用隨車膏澤沛生成

劍溪漁唱

溪源二自北來玄邑合流為劍溪姜陀澄
瀲其平义鏡座丹生來坡枷而歌歌乃之
考桐閣兩下呈詳

雙溪雀蜜之清玉条樽移帶
淺流醉月歌迴滄淄夜邊雲摩
起碧際秋懷濱蓬島因夕鳳翰
綠苔汀封胛鵡橑閒仙卻以似
夕陽書一旦動涼飈

周溥

華頂秋霞

西南之峻極者曰五峰山秋晴
景明丹霞冠頂絢麗可愛

丹梯屼入五華巔坐徹晴
霞思渺然晃漾江河明有影
昭回雲漢浩無邊絳光映晚
花連地丹黤凌秋橋滿川吸景
注神遊小極紫薇垣裏訪真
仙

潛齋陳天璈

仙嶺樵歌

嶺曰金儒嶺林木蕃茂蜀英者
往負薪行歌遠近聲雅相應

靈峰隱隱崉嶬誰動雲中第
一聲絕頓騎問天籟外遺音長
繞瑞巖阿深柯人去春猶在伐
木詩傳歲之多莫向仙卿聊此
曲久後多上聽雪知

何瀚

玉瀨夜月

石瀨橫截中流亘東西岸放溪
流有聲如鳴佩玉當素秋之雲
碧唐高懸鏡水光月色湛而為一
瀨々宇清氣瑩人

誰掬銀橫洗玉盤灣光萬里見
毫端巖垣水鏡明堪此貝闌水
輪鑒可釣桂子一枝曹賜打蒲
葡十石若為歡憺澄仙榷乘流
安徽底瀅淵虹膽寒

郡上選

大善之美 深圳博物馆藏社会捐赠文物集萃

清 佚名 山水 轴

水墨纸本 纵:91厘米 横:23.7厘米

此幅作水墨山水，无款，画面近景山间有茅屋数座，河旁有柳树，一人携杖站立小桥上，中景三人泛舟河中，远景山下柳林中有茅屋亭及小桥流水。

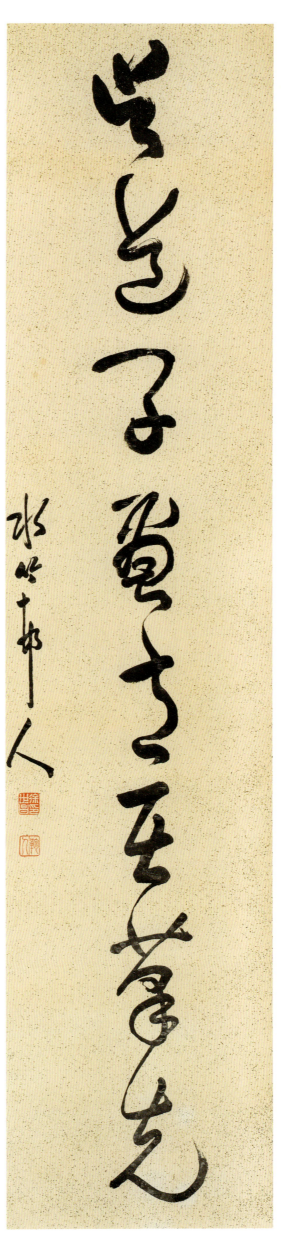

民国 徐世昌 草书 七言联

洒金纸 纵：173厘米 横：38.2厘米

　　徐世昌（1854～1939年），字卜五，号菊人，又号涛斋，晚号水竹邨人。祖籍浙江鄞县，生于河南，晚年居天津。清季翰林，官至东三省总督，曾任溥仪"帝师"。辛亥革命后，1918年曾任北洋政府大总统。工山水，颇清秀。书宗苏轼，略变其体。著有《退耕堂政书》、《书储楼藏书目》、《晚清簃诗汇》等。

　　此幅草书"颜平原书力透纸背，吴道子画意在笔先"，落款"水竹邨人"，下有"徐世昌印"、"鞠人"朱文印二方。

沈达夫伉俪捐赠书画

　　沈达夫（1911～），号"风人"，原籍浙江绍兴。20世纪40年代曾在《东南日报》、《民族日报》、《复兴日报》等主持笔政，善长政论与散文，是活跃于沪浙地区的爱国报人、作家。沈湘若，原名沈素贞，浙江杭州人。其家学渊深，尤善写梅，出笔秀逸，风韵独远，以画梅闻名于台湾。1948年后，沈达夫先生移居台湾，"浪迹台南、台中、台北，行商坐贾，当门卖酒，沿街鬻画，开画廊，玩古董"，同时也进行大量的诗歌创作，成为台湾著名的诗人，并与于右任、林语堂等名家交往密切。70年代末，沈氏夫妇举家迁居美国。

　　改革开放后，沈氏夫妇多次来到深圳，惊喜于这里日新月异的变化，于是产生了向深圳博物馆捐赠所藏文物的想法。2002年沈达夫伉俪毅然将其毕生收藏的210幅字画、1119册图书无偿捐赠给了深圳博物馆。由于沈先生广交文人墨客，其所藏书画有不少民国时期的精品，如近代大家陶冷月的《林泉高士图》，充分展现了其画月之外的山水画才能，上有沈达夫先生"风人过眼"藏印，足见其珍贵；溥心畲的《湘江遇雨》山水轴，构图极简，逸笔草草，却饶有笔墨趣味。这些珍贵的书画作品成为深圳博物馆收藏的一笔宝贵财富。

清　梅清（款）　《秋山秀木图》　册

水墨纸本　画心纵：18.3厘米　横：52.8厘米（每开）

　　梅清（1623～1697年），字渊公，号瞿山，安徽宣城人。顺治十一
年（1654年）举人，与石涛交往友善，相互切磋画艺，有"黄山派巨
子"的誉称。

　　此册画尾题款："秋山宜落日，秀木出寒烟。己巳九月，瞿山梅
清。"下钤白文印"清"。引首有边寿民题"惜墨如金"四字，卷尾有
笪重光、恽寿平、邵弥（考当时邵弥已过世四十余年，故此跋伪）、王
武、董邦达、梁松年、陈撰、庄严等人题跋。

大善之美　深圳博物馆藏社会捐赠文物集萃

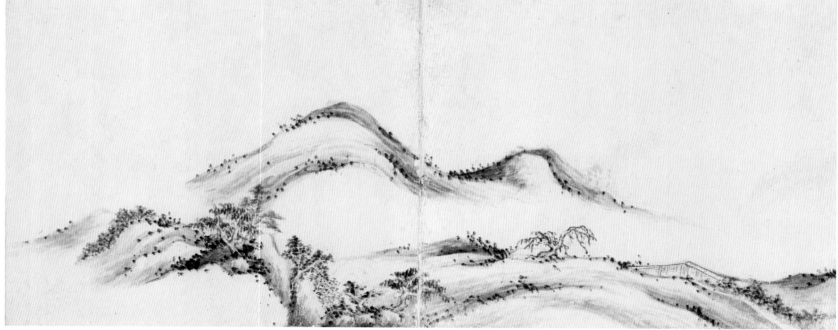

秋山宜爽爽日秀水
出寒煙
巳之九月瞿山梅清

倪迂用黄叶用之法
具诗人一种逸趣
何必古人为可宝
哉 江上堂董光

鉴士所能为也 寿平
真忘言得妙此非寻常
远公高逸之笔离象求
如此雀山水真如王
辋川谈禅香一辦
得句酒千鹤烟月
踈篱工松筠瘦石
旁前身是迁支道
法未能忘 邵弥

山净水涵客迟人深变
居萧萧残照里秋气满
蓬庐 忘菴王武

风宅云笼坞江
长树辉 村
人不见此等月应
門 董祺远题

记曾一棹泛南苕薄雾轻烟远
桷水竹居中人罢读自挐渔艇载山
樵 旧此绝与此帧意合同书 牛七老人
层峦叠嶂一水歌行一长篇
远山抹林颓如五七言绝忽忽
藏 玉几山人陈撰杉题

国朝格调无易管糊港为
淡难温墨易而乾擦头此
幅仿佛云来纯用减笔
立境天成深入倪迂堂奥
雨农季冬槛攷记雪严

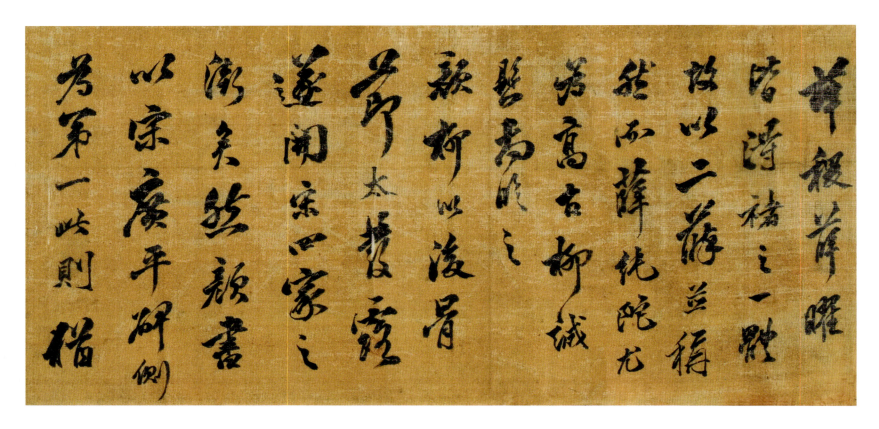

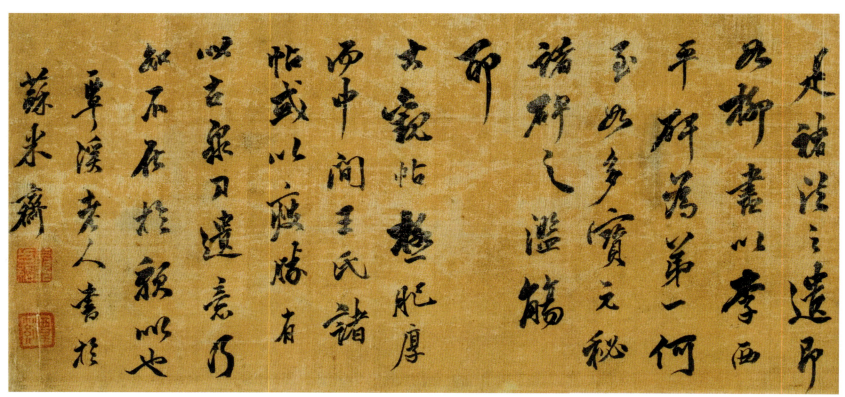

清　翁方纲　行草　论书文　镜心

纸本　纵：23.2厘米　横：97.8厘米

翁方纲（1733～1818年），字正三，号覃溪、晚号苏斋。顺天大兴（今属北京市）人。乾隆十七年进士，官至内阁学士。擅诗文，论诗创"肌理说"。善鉴赏，精书法，与刘墉、梁同书、王文治齐名清代书坛，并称"清四家"。著有《复初斋诗文集》、《粤东金石略》、《石洲诗话》等。

此幅为翁氏论书之作，落款"覃溪老人书于苏米斋"，钤朱文印"翁方纲印"和白文印"覃溪"。

殊姿以海骨即以太捉陵霞遂閒宋家之鄒束於觀書

清　张熊　《寒汀落雁图》　扇页

水墨纸本　纵：18厘米　横：53.4厘米　1862年作

　　张熊（1803～1886年），字寿甫，号子祥，晚号祥翁、鸳湖外史。浙江秀水（今嘉兴）人。花鸟初宗恽寿平，后自成一家，用色艳而不俗，雅俗共赏，富于时代气息。与任熊、朱熊合称"沪上三熊"。

　　本幅画寒汀落雁，题记"寒汀落雁，壬戌仲秋月，仁兄先生属，子祥张熊"，钤朱文印"子祥"。所画芦雁形态各异，灵动活泼，动感十足，颇见功力。

桃花流水杳然去
去別有天地非
人間 鵝後□仿張墨岑

仿黄鶴山樵
夏日山居圖
西津

此鶴逸前二十年之作雖有運均比較似
雲菴者然以爛熟登峰有十日一水五日一石
之鶴逸之畫者
不可輕視也
己巳三月为
善徵仁兄題於揚江寓 武進莊蘊寬

鶴逸丹青為手先從宣派南宗後
創一格世稱雄 設色六法精通 求
者驟人墨客 得之心賞珍環
先生用筆拿天工 譽滿士林
推重 調寄西江月
予素書畫昔游雀山碧山巷
善徵禪兄珍藏鶴逸先生山水
冊頁予曾拜觀一九三六年
鎮江渝陷日軍時焚此被祿
古物古道最失市境今有
賣者攜來鶴逸先生山水冊
頁予为鶴兩重進欣賞品已
古畫題於阿好亦翰墨因緣
目有分之耳特記其顛末
一九五二年三月
辰癸褚潤庄題 時年七一

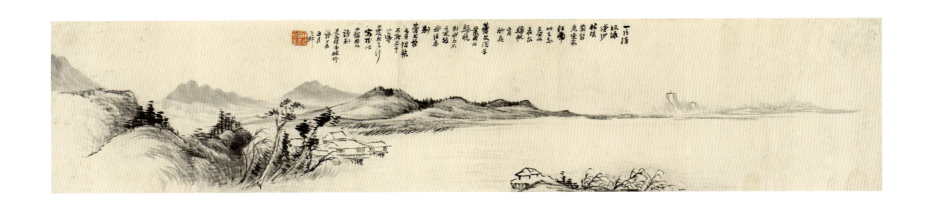

清 林纾 《送别图》 横幅

水墨纸本 纵：21.2厘米 横：97.5厘米 1907年作

　　林纾（1852～1924年），原名群玉，字琴南，号畏庐，福建闽县
（今福州）人。光绪八年（1882年）举人。工诗古文辞，以意译外国名
家小说见称于时。山水初灵秀似文徵明，继而浓厚近戴熙。偶涉石涛，
故其浑厚之中颇有淋漓之趣。花鸟得其师陈文台之传，淡墨薄色，神致
生动。著有《畏庐诗文集》、《春觉斋题画跋》。

　　本幅落款"畏庐弟林纾识，丁未正月下浣"。铃白文印"补柳翁
书画章"。以简淡笔墨写江南山水，构图平远，意境萧疏。

民国　陈蕃诰　《桃花双鸟图》　扇页

设色纸本　纵：20厘米　横：54.6厘米　1927年作

　　陈蕃诰（1867~?），字少鹿，号画禅，原籍广西，寄籍杭州，寓北京。幼习画花卉、翎毛，从宋元入手，久而自成一派。历任北京艺术学院、辅仁大学、华北大学中国画教授。

　　本幅画桃花喜鹊。题款："垫亭世兄拂署，蕃诰。时丁卯夏月。"钤朱文印两方："陈"、"少鹿"。画宗宋人，造型准确，设色清雅，干净秀美。

林泉高士图

辛巳初烁敏窗书麓

民国 陶冷月 《林泉高士图》 轴

设色纸本 画心纵：40.5厘米 横：30.5厘米

陶冷月（1895～1985年），原名善镛、字咏韶，号宏斋，苏州人。擅长山水、花卉、走兽、游鱼。学清"四王"，上溯宋元诸家。曾习西画。创制出熔中西画法于一炉的"冷月山水"。

本幅款署"冷月"，画心右下角钤朱文印"五柳后人"。画心左下角钤朱文印"风人过眼"（沈达夫收藏印）。画心上下有王謇题跋二处，据此推测此画当作于1941年。

九月十七日羲之报且因孔侍中信
书云必无不乃领军疾后问妻
惠不能泊申忘心故旨迟取遁
息羲之报

辛巳三月双谿书于渝楼

民国 许世英 行书 临《九月帖》 轴

纸本 纵:64.5厘米 横:27.1厘米 1941年作

　许世英（1873～1964年），字俊人,安徽至
德人，号云楼，晚号双溪老人。清光绪拔贡，
1925年任北洋政府内阁总理，1936年驻日大使，
1944年任赈灾委员长，长驻香港。1950年去台
湾。著有《治闽公牍》、《黄山揽胜集》等。
　本幅临王羲之《九月帖》。落款"辛巳三月
双溪书于渝楼"，钤白文印"许世英印"。

民国　溥儒　《湘江遇雨图》　轴

水墨纸本　纵：56.5厘米　横：29.5厘米

溥儒（1896～1963年），字心畬，号西山逸士，旧王孙，满族，清宗室，北京人。画工山水，兼善人物、花卉及书法。与张大千有"南张北溥"之誉，又与吴湖帆并称"南吴北溥"。著有《金文考略》、《经籍择言》、《寒玉堂论画》、《寒玉堂类稿》等。

本幅款题："湘江遇雨。暮云收晓见，峰峦翠色浮。心畬。"钤朱文印"旧王孙"和白文印"溥儒"。一水两岸，前双木山石，后为远山，再加水上扁舟，构图极简，逸笔草草，稍作渲染，把雨后山色空灵描绘得淋漓尽致。

鯤南詩苑週年紀念

明志昌詩

張道藩題

立法院用牋

常侍為詩五十始 君今五十以詩鳴 不
須名字論同異 已覺前賢畏後生
嶺壇樹幟彌鵑鵡 南嶠島微范攫一龕
赢得騷人齊俯首 湖山高嚴有梗枏
達夫先生以五十述懷詩見示並徵荅和
郭政
辛戌拙內呈帝
張明芹時年八十有八

现代　张昭芹、陶寿伯等合作　鸿雪留真　册页(部分)

纸本　画心:纵34厘米　横:23厘米　20世纪60～70年代

　　张昭芹,字鲁恂,广东乐昌县人,室名薪梦草堂,晚清举人、学者、革命家。

　　陶寿伯(1901~?),字知奋,号万石老人、畸中老人、万石层士,江苏无锡人。为赵叔儒入室弟子,山水、花卉无一不精,尤工写梅。

　　本册页主要录鯤南诗社成员为诗社成立周年所作的诗文和绘画。鯤南诗社是台湾的一个诗社,由曾今可、陈皆兴(高雄县长)、欧子亮、沈达夫等人发起组织,并出版有杂志《鯤南诗苑》。

幾生修得到寒梅，
使使飄零尔是魁錯邊
孤山林處士名端形逸
被人猜

湘若寫風人訪鬆年題

日本某友好团体捐赠陶瓷

　　深圳博物馆自建馆以来接受了多批（次）社会捐赠的陶瓷，大大地丰富了馆藏。2010年，日本某友好团体将所藏263件(组)陶瓷（含少量青铜器）无偿捐赠给深圳博物馆，其数量之多、档次之高，为深圳博物馆近年接受捐赠文物中所罕见。这批陶瓷器种类丰富，时代跨度大，从原始青瓷直到明清瓷器各时代都有代表器物，堪称一部微缩的中国陶瓷发展史。

　　此次共展出一级文物18件、二级文物41件（组）、三级文物6件，代表了目前我馆社会捐赠陶瓷的最高水平。其中汉代黑陶嵌铜泡钉双耳壶品相完好，制作精美，属同类器中稀有，目前所知仅台湾历史博物馆藏有一件嵌六铜钉黑陶双耳罐。此次展出数件工艺精湛的唐三彩，既有忿怒威猛的天王俑，也有造型强健的三彩马、骆驼，尤其是三彩白马通体施白釉，配绿釉马鞍，色泽纯美，姿态端庄，品相绝伦。再如金代白地黑花开光诗文八方枕，装饰清新典雅，开光处诗文闲适诙谐，书法轻盈流畅，是难得的艺术珍品。如此众多的珍贵文物，均是首次展出，具有很高的历史、艺术和科研价值。

春秋　原始青瓷印纹双耳罐

高: 39.5厘米　口径: 25.2厘米　底径: 21厘米

战国 原始青瓷提梁三足盉

高: 23厘米 口径: 6.6厘米

战国　原始青瓷铺首耳罐

高: 23厘米　口径: 19.9厘米　底径: 13.5厘米

战国　陶井

高: 28.2厘米　底径: 13.5厘米

汉　褐绿釉桃都树

高: 63厘米　底宽: 11厘米

汉　黑陶嵌铜泡钉双耳壶

高: 20厘米　　口径: 13.3厘米　　底径: 8.5厘米

汉　褐釉陶狗

高: 31厘米　长: 29.5厘米

汉　彩绘武士俑(一组)

（一）

高: 44厘米　宽: 14厘米

（三）

（四）

汉　绿釉陶井

通高：40厘米　底径：13厘米

汉　原始青瓷盉

高：22厘米　口径：4.5厘米

汉 绿釉陶炉

高: 30厘米 口径: 14.3厘米 托口径: 34厘米

汉 原始青瓷镂孔兽纹熏

高: 21.5厘米 口径: 7厘米 底径: 13.5厘米

三国·吴　青釉堆塑谷仓罐

通高: 44厘米　口径: 10厘米　底径: 17厘米

北朝　青黄釉陶盘

高: 3.5厘米　口径: 38.5厘米

隋 白釉人面镇墓兽

高: 30厘米 底宽: 12.3厘米

隋　白釉狮面镇墓兽

高: 28厘米　底宽: 12.5厘米

唐 三彩马

高: 53厘米 长: 56厘米

唐　三彩白马

高：56.5厘米　长：59厘米

唐　三彩骆驼

高: 52厘米　长: 46厘米

唐　三彩骆驼

高: 59厘米　长: 44厘米

唐 三彩人面镇墓兽

高: 83厘米 底宽: 21厘米

大善之美 深圳博物馆藏社会捐赠文物集萃

唐 三彩狮面镇墓兽

高: 82厘米 底宽: 23厘米

唐　彩绘女陶俑

高: 38厘米　底宽: 12.3厘米

唐 彩绘女陶俑

高：38.2厘米 底宽：12厘米

唐　彩绘天王陶俑

高：80厘米　底宽：24厘米

唐　三彩文官俑

高: 76厘米　底宽: 20厘米

唐　三彩结带纹穿带扁壶

高: 24厘米　　口径: 9厘米　　底径: 12.9厘米

唐　三彩双龙柄瓶

高: 29.6厘米　口径: 5.8厘米　底径: 9厘米

唐　三彩子母杯托盘

高: 5.5厘米　口径: 23厘米　底径: 13厘米

唐　长沙窑青釉褐斑贴花椰枣纹注子

高: 26厘米　口径: 14厘米　底径: 14厘米

唐　白釉龙柄壶

高: 24.5厘米　口径: 11.6厘米　底径: 11.2厘米

宋　青白瓷四耳盖罐

通高: 27厘米　　口径: 6.8厘米　　足径: 6.8厘米

北宋　湖田窑青白瓷人物俑等（15件套）

高: 6.2—21.6厘米　底径: 4.5—7.4厘米不等

北宋 青白瓷狮纽盖水注

通高: 23厘米 口径: 3.5厘米 足径: 7厘米

北宋　青白瓷注子、注碗

注碗高: 14.7厘米　口径: 17.6厘米　足径: 9厘米

注子通高: 24厘米　口径: 3.8厘米　足径: 9厘米

北宋　青白瓷素胎堆塑十二生肖塔式瓶

通高: 37.2厘米　口径: 7.8厘米　足径: 9.4厘米

宋　青白瓷堆塑蟠龙带盖魂瓶

通高: 30.6厘米　口径: 8.6厘米　足径: 9.5厘米

宋　青白瓷印花八棱带盖梅瓶

通高: 23.5厘米　口径: 3.7厘米　底径: 7.5厘米

宋　青白瓷瓜棱多角盖罐

通高: 27.4厘米　口径: 7.3厘米　足径: 9.4厘米

通高: 26.8厘米　口径: 7.7厘米　足径: 9厘米

宋　吉州窑黑釉剪纸贴花碗

高: 6.2厘米　口径: 12厘米　足径: 3.7厘米

宋　青白瓷炉

高: 12厘米　口径: 12.7厘米　底径: 7.8厘米

宋　青釉刻花水禽纹碗

高: 8.2厘米　口径: 18.2厘米　足径: 5.2厘米

宋 定窑白釉花口折腰碗

高: 4.5厘米 口径: 15厘米 足径: 4.2厘米

南宋　青白瓷刻花太子玩莲纹碗

高: 7.5厘米　口径: 20.7厘米　足径: 5.5厘米

南宋　青白瓷印花盘

高: 3.5厘米　口径: 17.9厘米　足径: 5.7厘米

宋　"汪家合子记"青白瓷印花盒

通高: 3.5厘米　直径: 6.9厘米

宋　青白瓷印花子母盒

通高: 3.5厘米　直径: 7.5厘米

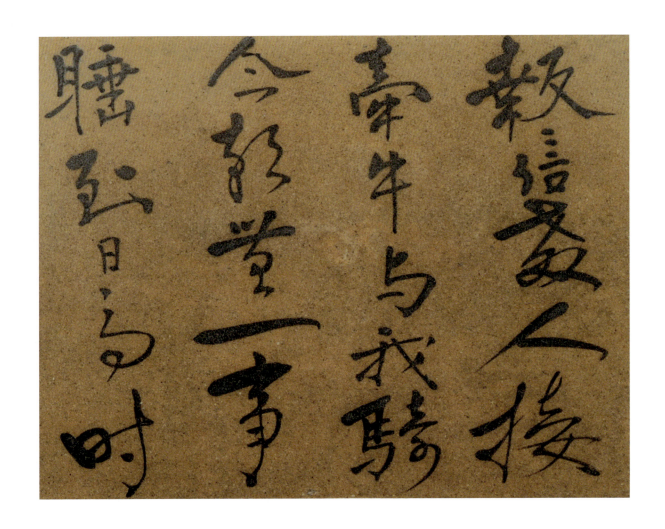

金 白地黑花开光诗文八方枕

高：11厘米 枕面长：34厘米 枕面宽：14.9厘米

金 三彩双狮枕

高: 11厘米　枕面长: 36厘米　枕面宽: 16厘米

金　耀州窑酱釉盏

高: 4厘米　口径: 12.4厘米　足径: 4.3厘米

金　黑釉油滴碗

高: 6.3厘米　口径: 12.4厘米　足径: 4.3厘米

宋　建窑黑釉盏

高: 7厘米　口径: 12.4厘米　足径: 4.2厘米

元　黑釉条形酱彩碗

高: 7厘米　口径: 17.3厘米　足径: 6.2厘米

元　白釉"枢府"铭印花碗

高: 9.5厘米　口径: 20厘米　足径: 7厘米

元　白地黑花开光鹤纹罐

高: 25.5厘米　口径: 18.8厘米　底径: 15厘米

元　青白瓷镂空熏炉

高: 16.5厘米　底径: 7.5厘米

元　耀州窑青釉刻花玉壶春瓶

高: 30.3厘米　口径: 8.4厘米　足径: 8.3厘米

明前期　云南青花缠枝花卉纹盖罐

通高: 33厘米　口径: 14.7厘米　底径: 15.6厘米

明前期　云南青花缠枝花纹罐

高: 36厘米　口径: 19.3厘米　底径: 16.9厘米

明前期　云南青花人物图盖罐

通高: 33厘米　口径: 17.5厘米　底径: 17.5厘米

明　龙泉窑青釉八卦三足盆

高: 12.5厘米　口径: 33厘米

清乾隆　哥釉贯耳穿带瓶

高: 14.3厘米　口径: 3.8厘米　足径: 3.9厘米

司 徒 倩 女 士 捐 赠 孙 中 山 家 族 文 物

近代伟大的民主革命先驱孙中山（1866～1925年），与深圳有着不解之缘。1900年10月，由孙中山策划的"庚子首义"（即惠州起义），即爆发于今深圳市盐田区三洲田。孙中山和元配夫人卢慕贞（1867～1952年）育有两女一男，次女孙婉（1896～1979年）曾留学美国加州大学，归国后与戴恩赛成婚。戴恩赛（1894～1955年），广东五华人，1918年毕业于美国哥伦比亚大学，获哲学博士学位，先后担任广东军政府外交部秘书、国民政府驻巴西全权公使等职，对文物收藏情有独钟。戴氏夫妇1949年后定居澳门，与卢慕贞长期生活在一起。2008年，孙婉干女儿司徒倩女士将卢慕贞及戴恩赛、孙婉珍藏和使用的物品1700余件捐献给深圳博物馆。

这批捐赠文物多为民国时期的物品，大致可分为照片、信札、证章、书籍、文具、瓷器、珠宝、丝织品等数类，基本涵盖了孙中山后人生活的方方面面。其中，既有孙中山的革命伴侣陈粹芬与孙氏家族的合影，也包括戴恩赛与民国高层如蒋介石、孙科等往来的亲笔书信，还有孙中山外孙女戴成功与宋庆龄、邓小平、廖承志交流的信札及照片。此外，琳琅满目的生活用具、丰富多彩的外国游历照片和日记资料、充满异国风情的明信片和艺术品，为我们了解一个民国时代的外交官家庭提供了生动直接的史料。本次展览将公布100余件有代表性的实物资料，以飨读者对民国历史的热情。

少年戴恩赛(后排中)和父母兄弟姐妹的合影(20世纪早期)　　　　　　　　孙婉、戴恩赛夫妻结婚照(1921年　澳门)

大善之美　深圳博物馆藏社会捐赠文物集萃

孙婉、戴恩赛全家福(1923年　香港)　　　广西省立第二中学校第十五班毕业摄影照片(1923年1月 戴恩赛时任广西梧州市市政厅厅长)

欢迎戴公使大会摄影纪念照片(20世纪30年　　戴恩赛办公照(20世纪20年代　广州)
代 巴西首都里约热内卢)

陈粹芬、卢慕贞、孙婉、戴恩赛合影于广州二沙头渔庐公馆(1935年)
(四排左起：戴恩赛、孙婉；三排左起：陈粹芬、卢慕贞、孙缌及孙缌丈夫；
二排左起：左三戴成功、左四孙穗英、左六孙穗华)

孙婉、戴恩赛全家合影
(1938年　澳门)

戴恩赛与巴西总统佩雷拉合影(20世纪30年代　巴西首都里约热内卢)

戴成功与宋庆龄合影
(1979年　北京)

孙科、孙治平、卢慕贞、孙满、孙婉、戴恩赛在国父纪念馆的合影(1945年　澳门)

民国 "戴"字龙纹铜盘

高: 4厘米 外径: 33厘米

大善之美 深圳博物馆藏社会捐赠文物集萃

民国 银烛台

高: 13.2厘米 口径: 4厘米 底径: 4.9厘米

民国　黄地凤纹七宝烧瓶

口径: 4.5 厘米　通高: 14.5厘米

清光绪　黄地粉彩"万寿无疆"盘

口径: 19 厘米　高: 3.5 厘米　底径: 11 厘米

清光绪 黄地粉彩"万寿无疆"碗一套

左: 口径 16.7 厘米 高 7 厘米 底径 5.9 厘米

中: 口径 17 厘米 高 7.5 厘米 底径 6 厘米

右: 口径 19.5 厘米 高 8.5 厘米 底径 6.8 厘米

民国　孙太夫人（卢慕贞）古稀荣庆纪念纯金十字架

长: 5.7 厘米　宽: 2.7 厘米　厚: 0.5 厘米

民国　卢慕贞用琥珀项链

长: 52 厘米

民国　卢慕贞用珊瑚红料珠项链

长: 90 厘米

民国　孙太夫人（卢慕贞）七秩寿庆粉彩三多纹碗

高: 5.8 厘米　口径: 12.3 厘米　底径: 4 厘米

民国　象牙牌(孙太夫人寿礼)

盒长: 25 厘米　宽: 16 厘米　高: 4.5 厘米

西洋人物玻璃台灯

高: 39 厘米　底长: 16.5 厘米　宽: 13 厘米

民国　玉雕牧童放牛

通高: 11 厘米　长: 7 厘米　宽: 4 厘米

民国　景泰蓝信插、吸墨器

高: 12.4 厘米　长: 20 厘米　宽: 5 厘米 (信插)

长: 22 厘米　宽: 8.3 厘米　高: 9.1 厘米 (吸墨器)

民国　象牙雕渔翁立像

高: 12.5 厘米

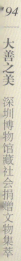

民国　象骨雕太白醉酒像

高: 2.5 厘米　长: 7.7厘米

TREATY PORTS IN CHINA
(A STUDY IN DIPLOMACY)

By EN-SAI TAI, Ph.D.

戴恩赛博士毕业论文《中国条约口岸——外交学视角下的研究》
(原书为英文版，哥伦比亚大学出版社出版，1918年)

戴恩赛与蒋介石、孙科来往的信件

函呈

孫院長親啓

戴緘

哲生我兄勛鑒敬懇者弟在抗戰期內為
維持吾人生活之故終日辛勞迄今往流困
乏精力俱盡去年召集同志組織國民協進
反攻委員會送陷危險幾喪生命因之身
俸日漸羸弱肉子病勢比前為甚據醫師
報告兩人均須靜養盡年方有希望復原
等語理合具函懇請
兩先設法給弟以一名義指撥款項俾

得赴外國一遊於黨國亦有裨益也至何
仍請
示復曷勝欣幸耑此奉懇敬頌
勛祺
　　　　弟戴恩賽謹啓
　　　　二月十五

邓小平副总理台鉴：

家母孙琬因年老经八年足疾不幸在本月十日晨病逝于
本澳镜湖医院。吾家历年来得蒙 宋庆龄副委员长、廖
夫人何香凝、周恩来总理生前、廖承志副委员长等备极
关怀，在生活上每经诿上给予全面照顾，并在本月十二日为
家母举殡悼念仪式，承蒙 祖国关怀组织派表委员会
办理殡礼事宜，请接纳余最衷心之感谢忱。

自从家母孙琬本月十日去世後，由于澳门南光行
由廖月份作花那样待给余每女每人之生活费（港币叁仟元），使
余之生活极为困难！余随侍家母三十馀年，从未有过在社会
做事，且余体质虚弱，兼正抚养现在一个弱质孤女，使家母在
生时常为此而忧虑。现余之年龄渐增现已届五十七岁出来
做事已无可能，且港澳两地生活程度比数年前倍增，所以
请求 邓副总理体念余之处境能在生活及经济给予
继续照顾今後每月仍照以前每月所给之生活费（港币叁仟元）
使余之生活得以维持，则不胜感激矣。

谨致无限感谢！

戴成功 谨上。
1979年6月29日。

戴成功致邓小平信件手稿(1979年)

廖承志尊兄大鉴：

这次成首次返回伟大的祖国来探望 宋庆龄副委员长和
舅父廖承志副委员长的亲切关怀和热情接待下，使我有
机会去南京拜谒 外公孙中山先生的陵墓并在北京、南京、上海、杭州
和广州等地的博物馆、故居、或公园等处分别看到了有关外公
孙中山先生的遗照、遗物、或纪念亭、碑等，同时又参观了中国共
产党第一次代表大会之址、梅园新村和纪念总理展览馆等。通
过这些活动，我深受教育，使我认识到没有共产党就没有新中
国，看到了我国人民正在这些敬爱的 周总理的遗愿将实现
宏伟的蓝图而发奋图强；另一方面，我也深刻地体会到孙中山
先生的遗言"革命尚未成功，同志仍须努力"的伟大和现实意
义。

在这次整个旅程中，你们为我作出了富有教育内容的安排，
并让我堂姊戴甯被伴随到各地，使我不但在思想上有很多收
获，在生活和各方面都得到很多便利。为此，请允许我向你
们致以最衷心的感谢！我将非常乐於平日实现祖国的
统一和四个现代化而尽力，最真诚的祝愿——祖国繁荣
昌盛！

谨致

崇高的敬礼

戴成功 谨上
1979年 6月29日

戴成功致廖承志信件手稿(1979年)

后　记

　　此次展览筹备和图录编撰得到了我馆各部门的大力支持，很多同志为此付出了辛勤的劳动。刘文林同志承担了陶瓷和孙中山家族文物的拍摄工作；黄阳兴同志承担了展览大纲的编写工作；利国显、刘大川、董杰同志承担了陶瓷部分说明文字的编写工作；李蕾、王晓春同志承担了书画部分说明文字的编写工作；李婷娴、李飞同志承担了孙中山家族文物展览提纲和说明文字的编写。在此，对他们尽职尽责的辛勤劳动一并表示衷心感谢。同时，感谢文物出版社为本书出版提供的大力支持和帮助。

大善之美　深圳博物馆藏社会捐赠文物集萃

图录编辑

主　　编：叶　杨
副主编：郭学雷　蔡惠尧
编　　委：李维学　周雄伟　黄阳兴　李　蕾　王晓春　利国显
　　　　　刘大川　董　杰　李婷娴　陈海先　李　飞
图录摄影：刘文林　王少宏
校　　对：黄阳兴　王晓春　利国显　李　飞

责任印制：陈　杰
责任编辑：张广然

图书在版编目（ＣＩＰ）数据

大善之美 ：深圳博物馆藏社会捐赠文物集萃 ／ 深圳
博物馆编． — 北京 ：文物出版社，2010.6
ISBN 978－7－5010－2978－5

Ⅰ．①大… Ⅱ．①深… Ⅲ．①文物－中国－图录
Ⅳ．①K870.2

中国版本图书馆CIP数据核字(2010) 第097751号

大善之美——深圳博物馆藏社会捐赠文物集萃

编　　者：深圳博物馆
出版发行：文物出版社
社　　址：北京市东直门内北小街2号楼
网　　址：www.wenwu.com
邮　　箱：web@wenwu .com
经　　销：新华书店
印　　制：深圳雅昌彩色印刷有限公司
开　　本：787×1092毫米 1/8
印　　张：25
版　　次：2010年6月第1版
印　　次：2010年6月第1次印刷
书　　号：ISBN 978－7－5010－2978－5
定　　价：320.00元